Aen Hanghmoeg Cienmonz Buedcienz Oksaw Gij Sawcih Minzcuz
民族文字出版专项资金资助项目

SEIGEQ CUENGHGUN DOXHOIZ

古诗汉壮对译

Lanz Han'gvangh Bienhoiz
蓝汉光 编译

Gvangjsih Minzcuz Cuzbanjse
广西民族出版社

图书在版编目(CIP)数据

古诗汉壮对译：壮、汉/蓝汉光编译. 一南宁：
广西民族出版社，2020.9
ISBN 978-7-5363-7367-9

Ⅰ.①古… Ⅱ.①蓝… Ⅲ.①古典诗歌—诗集—中国—
壮、汉 Ⅳ.①I222

中国版本图书馆 CIP 数据核字（2020）第 086881 号

SEIGEQ CUENGHGUN DOXHOIZ

古诗汉壮对译

GUSHI HANZHUANG DUIYI

蓝汉光　编译

出 版 人：石朝雄
责任编辑：王绍安
封面设计：林武圣
责任校对：石鹏程　黄青霞
责任印制：刘文峰
出版发行：广西民族出版社
地址：广西南宁市青秀区桂春路 3 号　邮编：530028
电话：0771—5523216　传真：0771—5523225
电子邮箱：bws@gxmzbook.com
印　　刷：广西彩丰印务有限公司
规　　格：787 毫米×1092 毫米　1/16
印　　张：12.5
字　　数：169 千
版　　次：2020 年 9 月第 1 版
印　　次：2020 年 9 月第 1 次印刷
书　　号：ISBN 978-7-5363-7367-9
定　　价：38.00 元

·序1·

一坛陈年三花酒

苏长仙

《古诗汉壮对译》要出版了。作者请我为之写序。这里我先用一个比喻，表达我对作者的敬意和对这本书的兴趣：它是一坛陈年的桂林三花酒。

为什么这么说呢？这里请允许我先讲一段小故事——1983年我调到南宁参与创办大型民族文化刊物《三月三》，在一次笔会期间，我开了一个讲座。当谈到推行壮文，发展民族文化时，我强调要办两件事：一是壮译汉，将壮族新发掘出来的民间文学翻译介绍到汉族地区去；另一件是汉译壮，将汉族悠久、先进的历史文化介绍到壮族地区来，相互交流、比较，相互学习促进，共同发展。当时到会的原桂林民族师范学校的蓝汉光老师很赞赏我的看法，并当场用壮语朗诵他翻译的《诗经》首篇《关雎》，博得满堂喝彩。我说，我盼望看到一本《古诗汉壮对译》。蓝老师说：“我一定要完成这个任务。”

散会回去后，一年、两年没有消息，我以为他把这件事忘了，也没有再去催促他。到1986年夏天，我得到消息说，他开始写这本书，并拿了一部分译稿给《广西民族报》发表，见报后，读者反应强烈，都一致赞扬蓝老师的翻译才能。当时，广西大学教授唐国富还专门撰写评论，全面肯定译稿的上乘质量，鼓励他竭尽全力，尽快译完这本书。

此后，一年、十年泥牛入海没消息。直到2015年底，蓝老师突然给我打电话，说他终于言而有信，用30年业余时间，千辛万苦，完成了《古诗汉壮对译》初稿，真是“连夜开灯连夜写，不费灯油也费心”啊。书稿寄到后，我一细读，他从浩如烟海的《诗经》、两汉乐府、南北朝民歌以及唐诗、宋词、元明清民歌民谣中精选 120 多首经典古诗，将这些用古汉语写成的诗，译成现代汉语诗句，再把这些现代汉文译成今用的标准壮文诗句。他必须精通古代汉语、现代汉语、标准壮文。掌握这三种语言文字，才能运用自如，这是一个系统工程，十分繁杂，是不容易办到的。他在信中对我说，他把推行壮文工作视为使命，下了很大的决心，信心和专心；对每一首诗，慢慢咀嚼，推敲，雕琢：先对照汉文的意思，一句一句地翻译出来；不成，则将其融汇、贯通，揉成一体，重新构思、立意，进行创新、创作，但又不能离开本意；对每一首诗，力争做到译文准确、鲜明、生动、形象、深刻、独到。真正做到信、达、雅、真、善、美的要求。所以，文艺翻译家，是不折不扣的作家，而且是像酿制三花酒一样，用三料、三花，经三酿、三蒸、三熬，后三藏、三勾兑而成的翻译作家，不是可以一蹴而就的。

现在，两个 80 岁的老人，面对面，头碰头，如梦似寐，互称“老师”。他称我做“苏老师”，只因当年听了我一句话，凭着诚信、兴趣、耐心的精神，锲而不舍，用 30 年时间，以满腔的热情和心血写成《古诗汉壮对译》这本书；我也称他为“蓝老师”，因为他用 30 年时间，酿出了一坛陈年醇美的桂林三花酒！我打心底里佩服他、尊敬他。我们这两个 80 岁老人的共同心愿，就是为推行壮语、壮文，增强民族团结，发展民族文化做一些力所能及的工作，鞠躬尽瘁，死而后已！

我不敢说这本译书已经十全十美，可能这本书中还有这样或那样的错误，特别是一些译文字句尚有可修可改之处。这里权当抛砖引玉，希望后来者，有更多精彩的译本出版。

·序 2·

唐国富

以壮文的创制为起点，就开始了汉语古诗词的翻译工作。壮译古诗先选择既有代表性的传世名篇，又比较容易读懂的短诗、绝句。这样做，一是为了满足学生循序渐进的学习需要，二是为古诗词的翻译工作逐步积累经验。这是一个开拓性的工作，可喜可贺!

20 世纪 80 年代初期的壮文小学语文课本和壮文初中语文课本，都是从汉语课本翻译过来的。正因为有了教科书的一种译文，读者就更希望读到同一诗篇的第二种、第三种译文，希望看到几种译文的争鲜斗丽，以加深对古诗的阅读和欣赏。

当我们一首首地读着蓝汉光同志的译诗，仔细品味，会感到原诗古色古香的色彩已悄悄地糅合在日常的壮语词汇中，糅合在壮语诗句中。作者以他对古诗的深刻理解，以他对壮诗的刻意追求和对语言使用的选择、锤炼，把诗译得朴实、准确，又使人感到别有一番滋味。

请看译者译的曹植《七步诗》:

Cawj duh coemh nyaq duh,
Lwg duh daej ndaw gva (rek).

"Gungh diuz rag ndeu seng,
Doxcienq vih gij maz？"

原汉语古诗需要注释的古今用法不一的字，或口语与书面语言不一致需要注释的字，在这译诗里都不用了。译诗用当代壮语口语常用词汇去翻译。经过壮译后，壮族学生欣赏这首诗就不需要再对词语进行一番注释，它成了一首既忠实地表达了原诗的主题、意境、节奏，又有壮语诗的艺术特色（腰脚韵）的诗篇。

又如孟浩然的《春晓》：

春眠不觉晓，
处处闻啼鸟。
夜来风雨声，
花落知多少？

如果是直译，可以译为：

Cin ninz mbouj rox haet,
Gizgiz dingq roeg heuh.
Haemh daeuj rumz fwn sing,

Va loenq rox geij lai？

但这就没有诗意了。汉光同志把这首诗译为：

Ninz cin haet lumz ndiu，
Roeg heuh ciuz goenjoj.
Haemh rumz fwn hoho，
Va loenq rox geij lai？

这种译法，使人觉得诗的语言流畅，诗所描绘的春天的形象感、节奏感十足，音色更生动活泼，跃然纸上，展现了原诗的丰姿。颇见译者的一番功力。

也许有人要问，既然是汉语古诗直接读原诗就好了，何必再来翻译呢？这提问不管说得多么有理，其实是不懂壮语，似乎也不是生活在壮族地区的人提出来的；或者是不懂壮诗，只懂壮语，但看不懂壮文的同志提出来的。只要你懂壮语，只要你能听懂诸如 Doengh gvangq faex raemh dien，Dah’ingj ndwen buenx vunz 等壮语的声音，你也会拍案叫绝。

再如既懂汉文，又懂壮语，并有一些诗词的修养，读孟郊的《游子吟》：

慈母手中线，

游子身上衣。
临行密密缝，
意恐迟迟归。
谁言寸草心，
报得三春晖。

再读蓝汉光同志的译文：

Lwg bae youz dieg gyae,
Meh gaem mae nyib buh.
Bak cim deih naih guh,
Lau lwg nguh nanz ma.
Ndit cin yungx rum maj,
Nanz ndaej maz bauqdap.

就会感到译诗的创造性。这首译诗，诗行的前后次序有所调整，调整后的语句的次序，更符合壮族人民的语言语法习惯与感情表达习惯，因而，它也就是把原诗的意境、原诗的感情更好地传给了壮族读者。

汉语优秀的古典诗篇是我国文学艺术宝库中的瑰宝，但是，这个文学艺术瑰宝，只有通过译成各民族的语言文字，才有可能使各民族人民更为广泛地欣赏到。古诗通过壮文翻译，壮族学生、壮族群众也就能更好地欣赏到这些优秀诗篇了。这是古诗壮译的一大功劳。

译者所做的这番努力和诚意是值得称赞的。据了解，译者只学过四个月的壮文，希望我们壮族知识分子有更多的同志来关心古典文学的壮译工作，为我们一千三百万的壮族同胞增添更丰富的精神食粮，使我们壮族文化园地更加繁荣昌盛，风采多姿。

1986 年 8 月 17 日

于广西大学中文系

目　录
Moegloeg

杜甫诗五首・Du Buj Sei Hajsouj

李白诗六首・Lij Bwz Sei Roeksouj

孟浩然诗四首・Mung Hauyenz Sei Seiqsouj

《诗经》四首

《Seiging》Seiqsouj

原文

关　雎

关关雎鸠，
在河之洲。
窈窕淑女，
君子好逑。

参差荇菜，
左右流之。
窈窕淑女，
寤寐求之。

语体译文

关　雎

水鸟呱呱叫声忙，
栖息河中小洲上。
姑娘貌美心善良，
哥儿想和她成双。

水边荇菜有高低，
左手摘来右手挟。
姑娘貌美心善良，
梦中睡醒也想她。

壮语译文

Gvanhgih

Roegraemx swenjsasa，
Youq gyang dah dieghamq.
Sau ndangreux simgyaeu，
Go siengj aeu baenzdoih.

Byaek go sang go daemq，
Fwngz gw gaemh gw aeu.
Sau ndangreux simgyaeu，
Ndaek ndiu siengj aeu mwngz.

原文	语体译文	壮语译文
求之不得，	追求不得心不甘，	Siengj mwngz mbouj ndaej mwngz,
寤寐思服。	日夜想和她成双。	Hwnzgoenz ngeix doxraen.
优哉优哉，	日思夜想情不断，	Haemhhaemh siengjfaenfaen,
辗转反侧。	翻来覆去到天光。	Fonjndang daengz ranzrongh.
参差荇菜，	水边荇菜长高低，	Byaekraemx hwnj sang daemq,
左右采之。	左摘右挟忙采集。	Song fwngz gaemh genj aeu.
窈窕淑女，	姑娘貌美心善良，	Sau ndangreux simgyaeu,
琴瑟友之。	弹琴逗她表情意。	Danzginz caeuq de gangj.
参差荇菜，	水边荇菜长高低，	Byaekraemx miz sang daemq,
左右芼之。	左摘右挟忙采集。	Song fwngz nyaemh genj aeu.
窈窕淑女，	姑娘貌美心善良，	Sau ndangreux simgyaeu,
钟鼓乐之。	敲着锣鼓娶她去。	Rog gyong daeuqma ranz.

原文	语体译文	壮语译文
氓	**氓**	**Mangz**
氓之蚩蚩，	情人满脸笑嘻嘻，	Lwgmbauq riuhaenghaeng,
抱布贸丝。	抱着布匹来换丝。	Umjbaengz daeuj vuenh sei.
匪来贸丝，	口说换丝原是假，	Canggyaj guh lumj neix,
来即我谋。	借机找我谈婚事。	Swngzgei daeuj ra gou.
送子涉淇，	那天送你过淇水，	Soengq mwngz gvaq Gizsuij,
至于顿丘。	送到顿丘情依依。	Buenx mwngz daengz Dungiuh.
匪我愆期，	请别怪我误良期，	Gaej gvaiq gou vuenh ngoenz,
子无良媒。	不发媒来该怨你。	Mwngz mbouj doeng moiz daeuj.
将子无怒，	希望你不要生气，	Muengh gaej nyaphoz gou,
秋以为期。	约定秋天为婚期。	Dingh ndwen cou haq mwngz.
乘彼垝垣，	爬上破墙望关门，	Hwnj ciengz lak bae caj,
以望复关。	等待恋中心上人。	Muengh mbauq ma caemh loh.

原文	语体译文	壮语译文
不见复关，	相约不见你身影，	Ndi raen naj daeggo,
泣涕涟涟。	眼泪成行落纷纷。	Raemx da roh rim hangz.
既见复关，	若与情人同相会，	Danghnaeuz raen naj youx,
载笑载言。	有说有笑真开心。	Miz gangj youh miz riu.
尔卜尔筮，	你信鬼神去卜卦，	Mwngz saenq fangz gouz ciem,
体无咎言。	卦词偏说无邪运。	Boux sien gangj ndei raeuh.
以尔车来，	驾着你的车儿来，	Cingj mwngz dwk ci daeuj,
以我贿迁。	我随嫁妆入君门。	Coux gou haeuj ranz mwngz.
桑之未落，	桑树叶子未落时，	Gosangh mbaw caengz loenq,
其叶沃若。	叶子嫩绿又润泽。	Saek heuloeg gyaeundei.
于嗟鸠兮，	劝你一声斑鸠鸟，	Gienq roegraeu coenzneix,
无食桑葚。	见了桑葚别贪吃。	Gaej gwn ngveih nengznuengx.
于嗟女兮，	妙龄姑娘警惕啊，	Daengq dahsau ndaw biengz,
无与士耽。	莫与男子如胶漆。	Gaej maezlienh bouxsai.

原文	语体译文	壮语译文
士之耽兮，	男子沉溺爱情里，	Sai maezlienh dahsau,
犹可说也。	还可以自我摆脱。	Lij ndaej dauq doiq ok.
女之耽兮，	女子一旦沉溺啊，	Sau maezlienh youq gyang,
不可说也。	就总是不能自拔。	Couh nanz duet ndaej lo.
桑之落矣，	桑叶仓促落下地，	Loenq le mbaw go sangh,
其黄而陨。	枯黄飘零真悲戚。	Mbawhenj sangx roengz namh.
自我徂尔，	自从我嫁给了你，	Daj gou haq daengz ranz,
三岁食贫。	忍苦三年受寒饥。	Souh hojnanz sam bi.
淇水汤汤，	淇水潺潺东流去，	Gizsuij laefaengfaeng,
渐车帷裳。	浪花飞溅车帷湿。	Raemx sinz maeq baengz ci.
女也不爽，	为妻忠贞情不移，	Lwgbawx niemh goekcingz,
士贰其行。	夫却妄行寻外遇。	Bouxsai bienq liengzsim.
士也罔极，	朝秦暮楚行不正，	Loengh va hengz mbouj cingq,
二三其德。	三心二意礼丧失。	Din ndeu dieb song ruz.

原文	语体译文	壮语译文
三岁为妇，	三年做你的媳妇，	Sam bi guh yah mwngz,
靡室劳矣。	全家活儿压在肩。	Ngoenz hong nyaengq mbouj duenh.
夙兴夜寐，	起早睡晚千般苦，	Ninz hwnz haet hwnq romh,
靡有朝矣。	没有一天得空闲。	Mboujndaej byonghngoenz hoengq.
言既遂矣，	我已满足你心愿，	Gou muenx mwngz sim'eiq,
至于暴矣。	你却对我倍凶残。	Mwngz yakdoeg cibcingz.
兄弟不知，	兄弟不知曲直事，	Beixnuengx ndi rox lawz,
咥其笑矣。	嘲笑使我更难堪。	Riu gou caen siengsim.
静言思之，	静坐一时忆往昔，	Ngeix codaeuz ganjcingz,
躬自悼矣。	独自伤心泪两行。	Raemxda ringx roengz namh.
及尔偕老，	原想结伴到百年，	Siengj caemh mwngz gyaeujhau,
老使我怨。	如此总觉心积怨。	Lumj neix lau deng haemz.
淇则有岸，	淇水虽宽还有岸，	Gizsuij gvangq miz haenz,
隰则有泮。	低湿洼地也有边。	Dieg namhboengz miz bien.

原文

总角之宴，
言笑晏晏。
信誓旦旦，
不思其反。
反是不思，
亦已焉哉！

语体译文

少小我俩同相处，
有说有笑乐绵绵。
两人曾山盟海誓，
谁未料谁把心变。
为夫既不念旧情，
分手拉倒莫挂牵！

壮语译文

Lij iq caez guh'angq,
Gangj riu van lumj dangz.
Mieng gvaq dai gungh ranz,
Mboujliuh fan liengzsim.
Mwngz yakdoeg muenzcingz,
Biek fwngz couh suenq lo!

原文

伐　檀

坎坎伐檀兮，
置之河之干兮。
河水清且涟猗。
不稼不穑，
胡取禾三百廛兮？
不狩不猎，
胡瞻尔庭有县貆兮？
彼君子兮，
不素餐兮！

坎坎伐辐兮，
置之河之侧兮。
河水清且直猗。

语体译文

伐　檀

砍伐檀木响叮当，
砍下木头放河边。
河水清清起连环。
耕种锄割你闲逛，
凭啥你家粮满仓？
上山打猎你不去，
为何獾肉挂满墙？
你们这些贵族啊，
真是白白吃闲饭！

叮当伐木作车辐，
砍下檀木搁岸上。
河水清清平展展。

壮语译文

Raemj Danzyangh

Raemj danzyangh bangx ndoi,
Cuengq doi youq henz dah.
Dah saw raemx rai va.
Mbouj cae naz doekgyaj,
Vihmaz haeux rim cang ?
Dwknyaen mwngz naengh ranz,
Yawz rim dangq（gyang hongh）noh nyaen ?
Gyoengqsou sienseng haenx,
Ngoenz guhcaemz gwnndwi !

Raemj faex guh bokci,
Baizlili henz dah.
Raemx dah saw youh bingz.

原文

不稼不穑，
胡取禾三百亿兮?
不狩不猎，
胡瞻尔庭有县特兮?
彼君子兮，
不素食兮!

坎坎伐轮兮，
置之河之漘兮。
河水清且沦猗。
不稼不穑，
胡取禾三百囷兮?
不狩不猎，
胡瞻尔庭有县鹑兮?
彼君子兮，
不素飧兮!

语体译文

翻田耙地你不干，
凭啥收粮千成担?
白天黑夜不打猎，
为何满院野味香?
你们这些贵族啊，
坐享其成吃闲饭!

叮咚伐木做车轮，
砍下檀木放河边。
河水清清起波纹。
种地收割你不沾，
凭啥收粮堆成山?
上山打猎你不去，
为何鹌鹑挂墙上?
你们这些贵族啊，
不劳而获吃闲饭!

壮语译文

Reih naz ndi yamq din,
Yawz daenz liengz fanh rap ?
Dwknyaen mwngz ndi ap,
Nohnyaen lab baenz lai ?
Gyoengqsou dwg lwgndai,
Beg gwn ngaiz gvaq ciuh !

Raemj faex guh loekci,
Faex cix doi henz dah.
Dah saw langh raiz va.
Mwngz lah mbouj goq naz,
Baengh maz haeux baenzndoi ?
Dwknyaen ndi caemh doih,
Roeggumj hoij rim ciengz ?
Gyoengqsou boux sienseng,
Youq gwnz biengz lauq seiq !

原文	语体译文	壮语译文
硕　鼠	**硕　鼠**	**Nounaz**
硕鼠硕鼠，	大田鼠啊大田鼠，	Nounaz ha nounaz,
无食我黍！	不要窃取我粮黍！	Gaej gag gvat haeux gou!
三岁贯女，	白白供养你三年，	Beg ciengx mwngz sam cou,
莫我肯顾。	一点不顾我辛苦。	Mbouj goq gou hojnanz.
逝将去汝，	发誓将要离开你，	Biek mwngz bae cixbah,
适彼乐土。	去寻找人间“乐土”。	Lingh bae ra “diegangq”.
乐土乐土，	乐土啊乐土，	Diegangq ha diegangq,
爰得我所。	那正是我的去处。	Haenx cingq dwg ranz gou.
硕鼠硕鼠，	大田鼠啊大田鼠，	Nounaz ha nounaz,
无食我麦！	不要偷吃我小麦！	Gaej caeg meg gou bae!
三岁贯女，	白白供养你三年，	Beg ciengx mwngz sam bi,
莫我肯德。	一点都不感恩德。	Mbouj gangj di aencingz.
逝将去汝，	发誓将要离开你，	Mieng gvaq lizhai mwngz,

原文	语体译文	壮语译文
适彼乐国。	去寻找自由“乐国”。	Gou bae cimh “guekangq”.
乐国乐国，	乐国啊乐国，	Guekangq ha guekangq,
爰得我直。	安居乐业的生活。	Ndaej angqyangz ndwenngoenz.
硕鼠硕鼠，	大田鼠啊大田鼠，	Nounaz ha nounaz,
无食我苗！	不要偷吃我禾苗！	Gaej caeg miuz gou ba!
三岁贯女，	白白供养你三年，	Beg ciengx mwngz sam hah,
莫我肯劳。	对我一点不慰劳。	Mbouj nai coenz vah ndeu.
逝将去汝，	发誓将要离开你，	Mieng gvaq lizhai mwngz,
适彼乐郊。	去寻找快活的“乐郊”。	Bae cimh aen “biengzhau”.
乐郊乐郊，	乐郊啊乐郊，	Biengzhau ha biengzhau,
谁之永号！	我不再伤心哭号！	Ndaej ciengxlaux vaiqvued!

汉乐府民歌三首

Han Yozfuj Minzgoh Samsouj

原文

长歌行

青青园中葵，
朝露待日晞。
阳春布德泽，
万物生光辉。
常恐秋节至，
焜黄华叶衰。
百川东到海，
何时复西归。
少壮不努力，
老大徒伤悲！

语体译文

长歌行

向日葵长在园中央，
叶上的露水日晒干。
春天赐给雨露阳光，
万物才能茁壮成长。
最怕是秋天的季节，
遭遇霜冻花败叶黄。
千万条河终入大海，
光阴似流水不再来。
年轻时不用功创业，
老了就会独自伤怀！

壮语译文

Cangzgohhingz

Vadaengngoenz heusik,
Raiz haet ndit dak gyo.
Cin daengz fwn rumz byoq,
Fanh faed oqfwgfwg.
Ceiq lau ciet laebcou,
Mbwn henj va youh baih.
Bak dah doeng daengz haij,
Seizlawz gaij lae dauq.
Lij coz mbouj rengz caux,
Geqle dauq siengsim.

原文

十五从军征

十五从军征，
八十始得归。
道逢乡里人，
“家中有阿谁？”
“遥看是君家，
松柏冢累累。”
兔从狗窦入，
雉从梁上飞。
中庭生旅谷，
井上长旅葵。
舂谷持作饭，
采葵持作羹。
羹饭一时熟，

语体译文

十五从军征

十五当兵守边疆，
八十岁时才得返。
路上逢人开口问，
“我家里边还有谁？”
“远看你家在那边，
松柏树下坟满堆。”
兔子时常狗洞进，
野鸡不时梁上飞。
庭院野草一大片，
井上野菜长成堆。
舂谷好了且做饭，
采来葵菜煮碗水。
饭汤煮熟摆桌上，

壮语译文

Cibhaj Bae Dangbing

Cibhaj bae dangbing,
Betcib lingh dauqranz.
Bungz doengzmbanj couh cam,
“Ranz gou lij vunz maz ?”
“Yawj baihde ranz mwngz,
Moh baenzbaiz laj bya.”
Douq ndonj rongz duzma,
Roeggae gvaq gwnzliengz.
Gyanghongh nywj heudum,
Gwnz cingj rumyamyam.
Rung ngaiz can suenq can,
Raemxdang camq byaekcwx.
Ngaiz cug byaek hwnj daiz,

原文	语体译文	壮语译文
不知贻阿谁？	不知共餐叫阿谁。	Youh ngeix daengz buzgoeng.
出门东向望，	出门抬头往东望，	Okdou muengh baihdoeng,
泪落沾我衣。	腮边流落两行泪。	Raemxda roengzbyoegbyoeg.

孔雀东南飞 Gungjcoz Mbin Doengnamz

序曰：汉末建安中，庐江府小吏焦仲卿妻刘氏，为仲卿母所遣，自誓不嫁，其家逼之，乃投水而死。仲卿闻之，亦自缢庭树。时人伤之，为诗云尔。

Baihnaj naeuz：Dunghhan ciuhbyai Gen'anh nienzgyang，Luzgyanghfuj boux haksaeq Ciuh Cunggingh，yah de Liuz Lanzcih，deng meh Ciuh Cunggingh gyaep ok ranz. Lanzcih mieng gvaq mbouj caiq haq vunz，ndaw ranz bik de，Lanzcih couh diuq raemx dai bae. Ciuh Cunggingh rox le，hix youq gwnz gofaex henz ranz laeghoz dai bae. Dangseiz，gyoengqvunz siengjniemh song gvanbaz de，couh sij baenz hot sei neix daeuj lwnh gienhsaeh neix.

原文	语体译文	壮语译文
孔雀东南飞，	孔雀飞向东南方，	Gungjcoz doengnamz mbin，
五里一徘徊。	飞去五里回头看。	Haj leix nyinh nyeux dauq.
“十三能织素，	“十三岁能织白绸，	“Cibsam daemj couz hau，
十四学裁衣，	十四岁会裁衣裳。	Cibseiq hag caizbuh.
十五弹箜篌，	十五学会弹琴弦，	Cibhaj danz ginzyienz，
十六诵诗书。	十六能背诵诗章。	Cibroek niemh sawsei.

原文	语体译文	壮语译文
十七为君妇，	十七和你结夫妻，	Cibcaet guh bawx mwngz,
心中常苦悲。	心中痛苦亦难堪。	Ndawsim gag souhheiq.
君既为府吏，	夫君既然为府史，	Mwngz gaenq dwg hakfuj,
守节情不移。	为妻亦是守妇纲。	Gou hix souj bonjfaenh.
贱妾留空房，	经常独身住空房，	Bawx ndangndeu gvaq haemh,
相见常日稀。	一月难得见回面。	Ndwen nanz raen mbat naj.
鸡鸣入机织，	鸡叫起来就织布，	Gaeqhaen hwnj daemjbaengz,
夜夜不得息。	夜夜如此不得闲。	Haemhhaemh mbouj ndaej yiet.
三日断五匹，	三天织成五匹布，	Sam ngoenz daemj haj bit,
大人故嫌迟。	如此家母还嫌慢。	Mehranz lij yiemz yaeng (menh) .
非为织作迟，	不是我的手脚笨，	Mbouj dwg daemj rok yaeng,
君家妇难为！	你家媳妇真难当！	Ranz sou bawx nanz guh !
妾不堪驱使，	家婆虐待我难忍，	Vahbemx gou nanz souh,
徒留无所施。	即使留下没用场。	Youq neix miz maz yungh.
便可白公姥，	请你告诉家婆听，	Mwngz caeuq meh gangj doeng,

原文	语体译文	壮语译文
及时相遣归。”	趁早送我回家乡。”	Vaiq soengq gou dauqranz.”
府吏得闻之，	府史听了兰芝话，	Hakfuj dingq yah gangj，
堂上启阿母：	拜见母亲正厅堂：	Gwnzdangz nai daxmeh：
“儿已薄禄相，	“儿子薄命年纪大，	“Lwg mingh hoj nienz geq，
幸复得此妇，	幸好娶得这女郎。	Danh ndaej de guhmaex.
结发同枕席，	我俩在世成夫妻，	Song vunz caemh swizsaeq，
黄泉共为友。	纵下黄泉不分散。	Dai hix caez gungh moh.
共事二三年，	和她交合两三年，	Gyauhab song sam bei（bi），
始尔未为久。	幸福日子不算长。	Ngoenzndei mbouj suenq nanz.
女行无偏斜，	媳妇正道又能干，	Bawx ndangcingq naengzganq，
何意致不厚？”	哪样惹得你心烦？”	Miz maz fanz daengz meh？”
阿母谓府吏：	母亲面对府吏说：	Daxmeh naeuz lwgranz：
“何乃太区区！	“儿子怎能这样讲，	“Mwngz bamz ndi rox saeh！

原文	语体译文	壮语译文
此妇无礼节，	这个媳妇无礼节，	Bawx neix mbouj roxlaex,
举动自专由。	我行我素少商量。	Ningqdi gangj mbouj ndaej.
吾意久怀忿，	老娘心里早窝火，	Aen haemz oemq ndaw saej,
汝岂得自由！	你怎能自己作主！	Mwngz baenzlawz ndaej gag dingh!
东家有贤女，	东邻有个好淑女，	Mbanjdoeng miz dah ndeu,
自名秦罗敷，	名字叫做秦罗敷。	Mingz heuh Cinz Lozfuh.
可怜体无比，	面貌可爱身苗条，	Ndang reux gvailulu,
阿母为汝求。	为娘替你去求婚。	Meh mwngz bang guhmoiz,
便可速遣之，	一刀与兰芝两断，	Bak cax ndeu raemj goenq,
遣去慎莫留！”	留下也是不称心。”	Louz goj mbouj ngamjhoz."
府吏长跪告：	府吏跪下求母亲：	Hakfuj gvih gouzcingz:
“伏惟启阿母。	“禀告母亲细端详。	"Cingj daxmeh hoiz sim.
今若遣此妇，	如果赶走这媳妇，	Langh mwngz gyaep bawxningq,
终老不复取！”	儿子誓不再续弦！”	Simgan guh goengmaiq!"

原文

阿母得闻之，
槌床便大怒：
“小子无所畏，
何敢助妇语！
吾已失恩义，
会不相从许！”

府吏默无声，
再拜还入户。
举言谓新妇，
哽咽不能语：
“我自不驱卿，
逼迫有阿母。
卿但暂还家，
吾今且报府。

语体译文

母亲听了儿子讲，
大发脾气又槌床：
“如此胆大对老母。
竟替媳妇来帮腔！
我对她已无情义，
求情留下难上难！”

府吏默默不作声，
再拜老母入房门。
愁对妻子传母意，
伤心而泣又哽咽：
“我本无意赶你走，
母亲偏偏说不行。
你今暂时先回去，
我也回府去办公。

壮语译文

Meh dingq lwg gangj sat,
Bek congz fat beizheiq:
“Mwngz mbei hung baenzneix,
Gamj bang maex gangjvah！
Gou doiq de yaksim,
Gouzcingz hix fouzyungh！”

Hakfuj mbouj haising,
Baiq meh din haeuj hoq.
Cienz vah hawj bawxmoq,
Daej dwk hoz saekwk:
“Gou mbouj nyienh gyaepmwngz,
Bikep dwg daxmeh.
Mwngz camhcej bae ranz,
Gou haeuj fuj banhgoeng.

原文	语体译文	壮语译文
不久当归还，	不久我一定会来，	Mbouj nanz cix dauqma,
还必相迎取。	再去接你进家门。	Itdingh bae coux yah.
以此下心意，	请你在家耐烦等，	Menh youq ranz naih caj,
慎勿违吾语。”	千万不要负我心。”	Aeu dingq coenzvah gou ."
新妇谓府吏：	兰芝面对仲卿说：	Bawxmoq naeuz hakfuj:
“勿复重纷纭。	“不要麻烦去操心！	"Gaej yungh bae causim !
往昔初阳岁，	记得当年正阳春，	Bihaenx ngoenzcin moq,
谢家来贵门。	我离娘家到贵门。	Biek boh haq ranz sou.
奉事循公姥，	一切遵照婆心意，	Guh hong swnh mehranz,
进止敢自专？	言行哪敢自专横？	Mbouj gamj hengz manz saeh ?
昼夜勤作息，	不分日夜勤劳动，	Hwnzngoenz hong dai leix (lix),
伶俜萦苦辛。	孤孤单单受苦辛。	Gag gwnheiq deng haemz.
谓言无罪过，	我总以为无罪过，	Mbouj guhloek maz yiengh,
供养卒大恩；	终生敬老报大恩；	Nyienh ciengx meh bauqaen;

原文

仍更被驱遣，
何言复来还！
妾有绣腰襦，
葳蕤自生光；
红罗复斗帐，
四角垂香囊；
箱帘六七十，
绿碧青丝绳，
物物各自异，
种种在其中。
人贱物亦鄙，
不足迎后人，
留待作遗施，
于今无会因，
时时为安慰，

语体译文

不料仍然被驱遣，
还讲什么再回门！
我有齐腰花短袄，
袄上绣花实可钦；
还有红罗夹头帐，
四角垂挂着香囊；
箱匣共有六七十，
全部青丝绳捆绑，
多种物品各异样，
件件放在箱奁藏。
既然人贱物即卑，
不足留给后人看，
就算给你作纪念，
今后相见难上难，
时时要安慰自己，

壮语译文

Mbouj liuh deng gyaep caenh,
Gaej gangj aen dauqma!
Bawx miz buhngaujdinj,
Siuq va ndingfaifai;
Riepcouz hoengz daiq sai,
Seiqgak hoij daehyieng;
Siengyiemz loeg caetcib,
Couzheu seisienq heux,
Gienhgienh mbouj doxdoengz,
Yienghyiengh cang ndaw loengx.
Vunz cienh doxgaiq cienh,
Mbouj ndei yienq bouxlaeng,
Daj neix nanz doxraen,
Ce guh aen geiqniemh,
Seizseiz nai swhgeij,

原文	语体译文	壮语译文
久久莫相忘!”	但愿不要把我忘!”	Biek nanz gaej doxlumz!”
鸡鸣外欲曙,	雄鸡叫后天快亮,	Gaeq haen ranz yaek rongh,
新妇起严妆。	兰芝起床打扮装。	Bawx hwnqcongz cangndang.
著我绣夹裙,	穿起绣花大夹裙,	Genj geugunz siuq va,
事事四五通。	耀眼衣服才穿上。	Angj da vunz cij daenj.
足下蹑丝履,	脚上穿的是丝鞋,	Laj din daenj haizsei,
头上玳瑁光。	头上戴着玳瑁簪。	Cunhgyaeuj ndei lumj nyawh.
腰若流纨素,	裙衣束起白丝带,	Saicouz cug vinjva,
耳著明月珰。	耳朵戴起银耳环。	Soijngaenz binengneng.
指如削葱根,	手似葱根纤细嫩,	Lwgfwngz lumj gyaeujcoeng,
口如含朱丹。	嘴唇好像含朱丹。	Aenbak hoengzfwdfwd.
纤纤作细步,	步履轻盈姿态美,	Yamqdin unqswtswt,
精妙世无双。	窈窕真是世无双。	Lumj bouxlwg sien'gya.

原文

上堂拜阿母，
阿母怒不止。
“昔作女儿时，
生小出野里。
本自无教训，
兼愧贵家子。
受母钱帛多，
不堪母驱使。
今日还家去，
念母劳家里。”

却与小姑别，
泪落连珠子。
“新妇初来时，
小姑始扶床；

语体译文

兰芝堂上辞婆婆，
婆婆满面气未消。
“从前我做女儿时，
自小生长偏僻地。
本来就缺乏教养，
配贵公子更不当。
接受婆婆彩礼多，
未能尽心奉婆婆。
今天要回娘家去，
婆婆操劳奈不何。”

再与小姑道声别，
眼泪唰唰往下落。
“那年我刚嫁来时，
小姑还扶床移步；

壮语译文

Gwnzdangz baiq mehranz,
Meh ndatheiq caengz sanq.
“Gonq gou guh lwgranz,
Seng youq dieg lajmbanj.
Mbouj miz maz gyauyangj,
Doiq lwglangz mbouj cawh.
Sou haujlai gyaqcang,
Bang mbouj ndaej mehranz.
Ngoenzneix dauq lajmbanj,
Hongranz fanz daxmeh.”

Caeuq guxsaeq biek bae,
Raemxda laefaenfaen.
“Gonq haq daeuj seizhaenx,
Guxsaeq baengh congz byaij;

原文	语体译文	壮语译文
今日被驱遣，	现在我被赶回家，	Ngoenzneix gou dauqranz,
小姑如我长。	长高和我差不多。	Guxsaeq sang gvaq gou.
勤心养公姥，	你要勤劳侍老人，	Aeu gaenx hauq mehbuz,
好自相扶将。	自己的事要磨合。	Hix aeu goq bonjndang.
初七及下九，	每年七夕去游乐，	Bungz ciet caeuq ngoenzndei,
嬉戏莫相忘。”	不要把我忘记啰。”	Bae caemz geiq daengz gou.”
出门登车去，	说完出门上车去，	Ok dou naengh ci bae,
涕落百余行。	泪洒百行像雨落。	Raemxda laeyamyam.
府吏马在前，	府吏骑马走在前，	Max hakfuj youq gonq,
新妇车在后。	兰芝乘车在后边。	Ci bawxmoq riengz laeng.
隐隐何甸甸，	车轮咕噜咕噜转，	Loekci yiengjfaengzfaengz,
俱会大道口。	两人在路口会面。	Doxraen youq bakloh.
下马入车中，	仲卿下马入车坐，	Cunggingh bin haeuj ci,
低头共耳语：	促膝耳语告兰芝：	Vah sap naeuz Lanzcih:

原文	语体译文	壮语译文
“誓不相隔卿，	“生死与你一条心，	“Dailix raeuz mbouj sanq,
且暂还家去；	你今暂且回家去；	Camhcej dauqranz bae;
吾今且赴府，	我也回府去办公，	Gou bae fuj banhsaeh,
不久当还归。	不久我就转回门。	Mbouj nanz geiq rox ma.
誓天不相负！”	对天发誓不忘你！”	Cingj mehyah cuengqsim!”
新妇谓府吏：	兰芝面对府吏讲：	Bawxmoq naeuz hakfuj,
“感君区区怀！	“感谢你一片爱心！	“Gou rox mwngz naekcingz!
君既若见录，	你既然这样惦我，	Gawqyienz aeu liengzsim,
不久望君来。	希望不久来叙情。	Mbouj nanz nyinh ma cunz.
君当作磐石，	你是山中大磐石，	Mwngz dwg ndaek rinhung,
妾当作蒲苇，	我是水边的芦苇，	Gou beij baenz go'em,
蒲苇纫如丝，	芦苇纤维质坚韧，	Go'em nyangqnyetnyet,
磐石无转移。	磐石固守不转移。	Rinhung mbouj senj dieg.
我有亲父兄，	我有一位亲哥哥，	Gou miz caen go ndeu,

原文	语体译文	壮语译文
性行暴如雷，	性情暴躁不讲理，	Beizheiq gaenj lumj feiz,
恐不任我意，	恐怕不顺从我意，	Lau de ndi swnh'eiq,
逆以煎我怀。”	想到这里心着急。”	Naemj daengz neix simvueng."
举手长劳劳，	挥手告别情难舍，	Yaengx fwngz cingz nanz duenx,
二情同依依。	两人心情乱凄凄。	Sim gwj luenhvanvan.
入门上家堂，	兰芝回家上厅堂，	Lanzcih haeuj gya dangz,
进退无颜仪。	进出自知脸无光。	Yamqdin ndi miz naj.
阿母大拊掌，	阿母惊异击着掌，	Daxmeh bek fwngz ndaq:
不图子自归：	哪料你擅自回乡！	"Mwngz gag ma guh maz!
“十三教汝织，	“十三岁教你织布，	Cibsam son hongdaemj,
十四能裁衣，	十四岁学会裁衣，	Cibseiq naengz caiz buh,
十五弹箜篌，	十五岁学会弹琴，	Cibhaj danz ginzyienz,
十六知礼仪，	十六岁时知礼仪，	Cibroek rox laexgya,
十七遣汝嫁，	十七岁嫁人为妻，	Cibcaet haq mwngz bae,

原文	语体译文	壮语译文
谓言无誓违。	总以为你无偏激。	Gamj naeuz mbouj maz cak.
汝今何罪过，	现在有哪样违规，	Neix famh gijmaz fap,
不迎而自归？”	为何不迎自转回？”	Mbouj coux gag dauqma？”
兰芝惭阿母：	兰芝边哭边回话：	Lanzcih daej hoiz vah：
“儿实无罪过。”	“你的女儿没啥错。”	“Lwg mbouj guh maz cak.”
阿母大悲摧。	母亲心里极伤悲。	Daxmeh gag simgaek.
还家十余日，	回到家中十几天，	Dauqranz cib lai ngoenz,
县令遣媒来。	县令派媒登上门。	Hakyienh doeng moiz daeuj.
云有第三郎，	说是老爷三公子，	Gangj lwgsam ndeiraeuh,
窈窕世无双。	风度翩翩人可亲。	Ndang reux gyaeu fouzbeij.
年始十八九，	年纪正好十八九，	Ban lwgcoz nienzgeij,
便言多令才。	能说会道有才能。	Rox leix miz caizhag.
阿母谓阿女：	母亲面对兰芝说：	Daxmeh youq henz coi：

原文	语体译文	壮语译文
“汝可去应之。”	“你亲自去回媒人。”	“Mwngz bae hoiz yahmoiz.”
阿女含泪答：	兰芝含泪解释说：	Lanzcih gamz raemxda：
“兰芝初还时，	“我刚刚被赶回家，	“Gou cauxngamq dauqranz，
府吏见叮咛，	府吏一一再叮咛，	Hakfuj doiq mbwn gangj，
结誓不别离。	我俩发誓不分离。	Songdou cingz mbouj sanq.
今日违情义，	今日若不讲情义，	Danghnaeuz fanj liengzsim，
恐此事非奇。	恐怕对不起良心。	Saeh neix mbouj wngdang.
自可断来信，	烦劳母亲断媒人，	Meh bae goenq yahmoiz，
徐徐更谓之。”	过后再讲也还行。”	Gvaqlaeng caiq menh gangj.”
阿母白媒人：	母亲告诉那媒人：	Daxmeh caeuq moiz gangj：
“贫贱有此女，	“贫贱只有这女儿，	“Dahlwg mingh hojcienh ，
始适还家门。	出嫁刚被赶回门。	Caux haq deng gyaep dauq.
不堪吏人妇，	不配做小吏妻子，	Boiq mbouj ndaej haksaeq，
岂合令郎君？	哪合令郎公子心？	Gap lwg sou hix nanz ？

原文	语体译文	壮语译文
幸可广问讯，	请到别处去打听，	Cingj bae linghdieg cam,
不得便相许。”	我真不方便答应。”	Gou mbouj gamj dapwngq.”
媒人去数日，	媒人走后过几天，	Moiz bae ndaej geij ngoenz,
寻遣丞请还，	佐官出差刚回来，	Youh miz hakyienh daengz,
说有兰家女，	太守闻说兰家女，	Dwen Lanzcih hozhaenz,
丞籍有宦官。	时代有人做官臣。	Ranz de gaenq miz hak.
云有第五郎，	又说自家五公子，	Daisouj lwg daihhaj,
娇逸未有婚。	风流潇洒未成婚。	Naj hausak vunzgvai.
遣丞为媒人，	委托佐官来做媒，	Dak gou guh moizcai,
主簿通语言。	有请你们开年庚。	Cingj sou hai betcih.
直说太守家，	佐官直对兰母说，	Moiz naeuz meh Lanzcih,
有此令郎君，	郎君真的有才华，	Lwgmbauq miz dungxcaiz,
既欲结大义，	想和兰芝来谈婚，	Siengj dahsau sou lai,
故遣来贵门。	所以派我登贵门。	Baij gou daeuj guhmoiz.

原文	语体译文	壮语译文
阿母谢媒人：	兰母谢绝媒人说：	Daxmeh doi bouxmoiz：
“女子先有誓，	“女儿发誓不改嫁，	“Lwg naeuz mbouj gaij haq，
老姥岂敢言！”	我这老妇能说啥！”	Gou lij yah maz gangj！”
阿兄得闻之，	兰芝哥哥听后说，	Go Lanzcih dingqnyi，
怅然心中烦。	心中烦躁发了话，	Heiq cix gaenj conghhoz.
举言谓阿妹：	开口就对兰芝吼：	Haibak naeuz nuengxcoz：
“作计何不量！	“应该掂量你自己！	“Mwngz wnggai gag rox！
先嫁得府吏，	先前嫁个小府吏，	Haq hakfuj aemqcoh，
后嫁得郎君，	后嫁却是富人家。	Neix haq coq rongzgim。
否泰如天地，	好坏有天地之别，	Ndeirwix ndaej faencing，
足以荣汝身。	将来必富贵荣华。	Cog itdingh vuenyungz.
不嫁义郎体，	如果不嫁贵公子，	Langh mbouj haq ranz neix，
其往欲何云？”	往后还有啥办法？”	Laeng lij meiz（miz） gizlawz？”

原文	语体译文	壮语译文
兰芝仰头答：	兰芝抬头即回答：	Lanzcih ngiengx gyaeuj dap:
“理实如兄言。	“按理哥哥说不差。	“Vah go miz dauhleix.
谢家事夫婿，	当初嫁到焦家去，	Gou biek ranz haq bae,
中道还兄门。	不料又回哥哥家。	Mboujliuh neix dauq ranz.
处分适兄意，	终身大事由哥定，	Vangraeh youz go gangj,
那得自任专！	哪能由自己发话！	Nuengx mbouj gamj gag duenh !
虽与府吏要，	虽与仲卿有誓约，	Yienznaeuz haq hakfouj,
渠会永无缘。	重归旧好无缘分。	Lauheiq mbouj yienzfaenh.
登即相许和，	情愿答应这亲事，	Nyienh haq ranz miz ngaenz,
便可作婚姻。”	算成全两家婚姻。”	Suenq gangj baenz vwnhyinh.”
媒人下床去，	媒人坐起连声赞，	Bouxmoiz ndwn daeuj naeuz,
诺诺复尔尔。	你答应了我放心。	Gangj ndei aeu ciuq banh.
还部白府君：	回到衙门告太守：	Ma caeuq daisouj gangj:
“下官奉使命，	“下官奉承您使命，	“Baezneix gou funghlingh,

原文	语体译文	壮语译文
言谈大有缘。”	天赐良缘功告成。”	Cawqdingh miz yinhyienz.”
府君得闻之，	太守听了好消息，	Daisouj ngengrwz dingq,
心中大欢喜。	心中真高兴无比。	Ndawsim angq raixcaix.
视历复开书，	马上翻书查皇历，	Fan sawlig gwnzdaiz,
便利此月内，	吉利日子在月底，	Gitleih baiz ndwen neix,
六合正相应。	六合相应真天意。	Loeghab swnh dien'eiq.
良吉三十日，	吉日定在三十日，	Samcib doiq ngoenzndei,
今已二十七，	今天已是二十七，	Ngoenzneix ngeih cib caet,
卿可去成婚。	请你速办聚亲事。	Vaiq bae baet rugmoq.
交语速装束，	传话嫁妆要办齐，	Doenghyiengh aeu cawx doh,
络绎如浮云。	忙得好像蜂采蜜。	Nyaengq baenz doq baenz dinz.
青雀白鹄舫，	备好画鸟大画船，	Ruz veh roeg baenz doiq,
四角龙子幡。	四角挂着龙子旗。	Seiq gok hoij geizlungz.
婀娜随风转，	旗子随风轻飘舞，	Rumz ci mbinfoengfoeng,
金车玉作轮。	金车轮子玉装饰。	Loekci nyawh daeuj cang.

原文	语体译文	壮语译文
踯躅青骢马，	杂色骏马驾驭车，	Beng ci boiq maxndang,
流苏金镂鞍。	金色马鞍好阔气。	Anmax cap vagim.
赍钱三百万，	赠送聘金三百万，	Ngaenzlok sam bak fanh,
皆用青丝穿。	都用青丝串整齐。	Sei cin ngaenz baenz gvanq.
杂彩三百匹，	花色绸缎三百匹，	Couzva sam bak bik,
交广市鲑珍。	还有两广的鲑鱼。	Gyauh Gvangj cawx byahanq.
从人四五百，	迎亲队伍四百五，	Naxcoux seiq bak haj,
郁郁登郡门。	郡府门前人如蚁。	Najdou vunz baenzdoi.
阿母谓阿女：	母亲对着兰芝讲：	Daxmeh naeuz Lanzcih:
“适得府君书，	“刚才太守送婚帖，	“Ciep ndaej diep daisouj,
明日来迎汝。	明天就来迎娶你。	Ngoenzcog cix daeuj coux.
何不作衣裳？	为何还不做衣裳？	Vaiq nyibbuh raed couz ?
莫令事不举！”	不要临头来不及！”	Daengz seiz couh mbouj gib ! ”

原文	语体译文	壮语译文
阿女默无声，	兰芝默默不作声，	Lanzcih lumj bouxngoemx,
手巾掩口啼，	手巾掩脸自哭泣，	Sujbaq goemq naj daej,
泪落便如泻。	泪水汪汪流成河。	Raemxda lae lumj dah.
移我琉璃榻，	移动自己小花床，	Gag senj aen congzva,
出置前窗下。	放到窗下光线足。	Gyaq daengz laj conghcueng.
左手持刀尺，	左手拿剪刀尺子，	Fwngzswix gaem geuz cik,
右手执绫罗。	右手剪绸做衣服。	Fwngzgvaz fid couzduenh.
朝成绣夹裙，	早上做成绣夹裙，	Haet guh baenz vunj gap,
晚成单罗衫。	晚上做成单罗衣。	Haemh nyib sat buhdan.
晻晻日欲暝，	日落突然天昏暗，	Mbwn laep le simfanz,
愁思出门啼。	愁思出门又哭泣。	Ok douranz youh daej.
府吏闻此变，	府吏闻知事不妙，	Hakfuj rox miz saeh,
因求假暂归。	立即请假回家去。	Cingjgyaj baema yoj（yawj）.
未至二三里，	离兰芝家两三里，	Yaek daengz ranz yahmoq,

原文

摧藏马悲哀。
新妇识马声，
蹑履相逢迎。
怅然遥相望，
知是故人来。
举手拍马鞍，
嗟叹使心伤：
“自君别我后，
人事不可量。
果不如先愿，
又非君所详。
我有亲父母，
逼迫兼弟兄。
以我应他人，
君还何所望！”

语体译文

人也伤心马也嘶。
兰芝熟悉马嘶声，
小步轻轻来相迎。
远望看见白额马，
知道来者是故人。
兰芝举手拍马鞍，
声声叹息心发酸：
“自从我俩分别后，
人事变迁不好办。
先前许诺成泡影，
其中你也不知情。
本来我有父母亲，
逼迫改嫁是长兄。
八字已交许别人，
你的指望全落空！

壮语译文

Sim gyoh max youh sej.
Lanzcih rox max sing,
Yamq din ok douranz.
Muengh raen maxnyegndangq,
Rox dwg gvangonq daeuj.
Yaengx fwngz bongx anmax,
Hai bak raemxda lae:
“Daj mwngz biek gou bae,
Saehcingz mbouj ndei banh.
Vah gonq raeuz beg gangj,
Simfanz mwngz mboujrox.
Gou miz meh miz boh,
Daeggo bik gaij haq.
Betcih vunz gaem gvaq,
Swxva caeng raemxmboq！”

原文

府吏谓新妇:
“贺卿得高迁!
磐石方且厚,
可以卒千年;
蒲苇一时纫,
便作旦夕间。
卿当日胜贵,
吾独向黄泉! ”

新妇谓府吏:
“何意出此言!
同是被逼迫,
君尔妾亦然。
黄泉下相见,
勿违今日言! ”

语体译文

仲卿听罢动了气:
“真该祝贺你升迁!
我这磐石硬又厚,
可以保持到千年;
你那蒲苇一时韧,
韧性只在一瞬间。
从此你领略富贵,
我独一人下黄泉! ”

兰芝伤心答府吏:
“何以这话伤感情!
你我同样被逼迫,
同是天涯受苦人。
黄泉底下再相见,
今日誓言要记清! ”

壮语译文

Hakfuj naeuz yahmoq:
“Hoh mwngz haeuj dou sang!
Rin hung ndongj lumj gang,
Ciennienz fan mbouj ndaej;
Go’em yienznaeuz nyangq,
Dingj mbouj nanz couh goenq.
Mwngz neix ndaej vuenyungz,
Gou gag roengz lajyaem! ”

Yahmoq han hakfuj:
“Vihmaz vah doxdik!
Raeuz doengz dwg deng bik,
Minghhaemz caemh ityiengh.
Bae lajyaem guhbuenx,
Hix mbouj ienq gijmaz! ”

原文	语体译文	壮语译文
执手分道去，	两人握手道别后，	Dokbiek nyinh doxcaz,
各各还家门。	各自回到各家门。	Gak boux bae gak gya.
生人作死别，	鸳鸯一棒挨打散，	Yenhyangh sanq song ngaq,
恨恨那可论？	此时怨恨向谁伸？	Aenhaemz byawz daeuj caz ?
念与世间辞，	宁作玉碎黄泉去，	Cingznyienh nyawh baenz sa,
千万不复全！	不作瓦全在红尘！	Mbouj guh vax caezcienz.
府吏还家去，	仲卿回到自家庭，	Hakfuj dauqma ranz,
上堂拜阿母：	堂前拜见老母亲：	Gwnzdangz baiq daxmeh:
“今日大风寒，	“今天风大天气冷，	“Rumznit cifafa,
寒风摧树木，	吹断树枝树翻根，	Faex hung ngaq hix raek,
严霜结庭兰。	雪压兰花花凋零。	Vasuen giet nae'ndaek.
儿今日冥冥，	我的生命似落日，	Yawj baihnaj laep liux,
令母在后单。	剩下母亲你一人。	Lwg bae meh souj miuh.
故作不良计，	坏主意我已拿定，	Gou gaenq yiengh neix suenq,

原文	语体译文	壮语译文
勿复怨鬼神！	请不要抱怨鬼神！	Gaej bae ienq duzfangz！
命如南山石，	愿母亲长寿百岁，	Muengh meh gyaeu ndaej nanz，
四体康且直！”	身体健康永安宁！”	Ndang bingzan cwxcaih！”
阿母得闻之，	阿母听了仲卿说，	Vah lwg miz ganjgoek，
零泪应声落：	眼泪应着话声落：	Meh gag doek raemxda：
“汝是大家子，	“生来你是大家子，	“Mwngz dwg lwg ranzhung，
仕宦于台阁。	祖上做官在台阁。	Cojcoeng guhhak gvaq.
慎勿为妇死，	她是贱人咱富贵，	De cienh raeuz fouqgviq，
贵贱情何薄！	为她死去不值得！	Guhmaz vih de dai！
东家有贤女，	东村有个好姑娘，	Mbanjdoeng miz sau ndeu，
窈窕艳城郭，	身体苗条美名扬，	Ndang miuzdiuz vunz gvai，
阿母为汝求，	老妈帮你去求婚，	Meh bang mwngz bae gyaiz（gangj），
便复在旦夕。”	答复就在这两天。”	Dingh vaiq ndaej baenz doiq.”

原文	语体译文	壮语译文
府吏再拜还，	仲卿再拜母起身，	Lwg caiq baiq meh dauq，
长叹空房中，	长吁短叹在房中，	Danqheiq ndaw fuengz hoengq，
作计乃尔立。	誓死决心已确定。	Aen dai gaenq siengj doeng.
转头向户里，	转头面对着墙壁，	Cuenq gyaeuj naj doiq ciengz，
渐见愁煎迫。	悲愁缠身火煎心。	Ndawsim yiengh feiz cien.
其日牛马嘶，	那天车马迎新娘，	Ngoenzhaenx ci daeuj coux，
新妇入青庐。	兰芝走进婚礼帐。	Lanzcih haeuj rugmoq.
奄奄黄昏后，	天色昏沉夜幕降，	Caj daengz haemh mbwn myox，
寂寂人定初。	夜深人静无声响。	Haihseiz hek co sanq.
“我命绝今日，	“今天是我绝命日，	“Gou dai dingh haemhneix，
魂去尸长留！”	魂魄飞天留下尸。”	Hoenz bae sei ce laeng.”
揽裙脱丝履，	挽起裙子脱下鞋，	Biet vunj duet haizgyaemq，
举身赴清池。	纵身一跳进深池。	Gvaengh haeuj ndaw daemz laeg.

原文	语体译文	壮语译文
府吏闻此事，	仲卿闻知这件事，	Hakfuj rox saeh neix,
心知长别离。	心知永远别兰芝。	Hoenyienz cawq dingh sanq.
徘徊庭树下，	院里树下来回走，	Byaij cuenq laj faex ranz,
自挂东南枝。	自身上吊东南枝。	Laeghoz gyang faexnga.
两家求合葬，	焦刘两家求合葬，	Song ranz gouz habcangq,
合葬华山傍。	两人合葬华山傍。	Henz Vazsanh caemh moh.
东西植松柏，	墓地东西栽松柏，	Coengzbeg ndaem song go,
左右种梧桐。	梧桐栽在左右边。	Godongz coh song mbiengj.
枝枝相覆盖，	枝枝覆盖相缠绕，	Ngefaex caez doxraemh,
叶叶相交通。	叶叶相交不离分。	Mbawfaex caemh doxgiengq.
中有双飞鸟，	树中有对双飞鸟，	Ndaw miz song duz roeg,
自名为鸳鸯。	世称本名为鸳鸯。	Bonjmingz dwg yenhyangh,
仰头相向鸣，	平时仰头相对叫，	Ngiengxgyaeuj doiq naj heuh,

原文	语体译文	壮语译文
夜夜达五更。	夜夜啼叫到天明。	Haemhhaemh daengz ranzrongh.
行人驻足听，	叫得行人止步听，	Bouxbyaij dingz yamq dingq,
寡妇起彷徨。	惹得寡妇心不宁。	Maexmaiq naemj doekrengz.
多谢后世人，	声声叮咛后来者，	Gienq gyoengqvunz daihlaeng,
戒之慎勿忘！	这个故事要记清。	Gaej lumz aen goj neix.

赵整[1]诗一首

Cau Cwngj Sei Itsouj

原文

枣

北园有一树，
布叶垂重阴。
外虽多棘刺，
内实有赤心。

语体译文

枣

北边园中一棵树，
根深叶茂满地阴。
表面看来身有刺，
果实里面有红心。

壮语译文

Makcanghcij

Gofaex suen baihbaek,
Mbaw duiq laep mbiengj doengh.
Nga yienznaeuz miz oen,
Ngveih sim hoengzfwgfwg.

①赵整，生平事迹不详，只知道他是十六国时代后秦人。

曹植诗一首　　Cauz Ciz Sei Itsouj

原文	语体译文	壮语译文
七步诗	**七步诗**	**Sei Caet Yamq**
煮豆燃豆萁，	煮豆时锅底燃烧着豆秸，	Cawj duh coemh goduh,
豆在釜中泣。	豆子翻滚着在锅中哭泣。	Lwgduh daej ndawvaq（rek）.
本是同根生，	本来同是一条根上生长，	Gungh diuzrag ndeu maj,
相煎何太急。	为何如此煎熬自家兄弟。	Gaenj gijmaz doxcien.

南朝民歌

Fwen Nanzcauz

原文

子夜歌

依作北辰星，
千年无转移。
欢行白日心，
朝东暮还西。

语体译文

子夜歌

我的爱情好像北极星，
千年锁定在一个位置。
负心情郎像太阳一样，
晨出东方入夜又落西。

壮语译文

Fwen Gyanghwnz

Nuengx baenz aen caetsing,
Cien bi cienz mbouj doengh.
Miz vunz lumj daengngoenz,
Haet doeng haemh cuenq sae.

陶渊明诗二首

Dauz Yenhmingz Sei Songsouj

原文	语体译文	壮语译文
盛年不重来	**盛年不重来**	**Seizcoz Mbouj Dauqma**
盛年不重来，	青壮年时代很快过去，	Seizcoz mbouj dauqma,
一日难再晨。	一天不会有两个早晨。	Ngoenz gvaq nanz miz haet.
及时当勉励，	趁年轻力壮努力奋进，	Yienqmienx aeu ganjgip,
岁月不待人。	因为时间从来不等人。	Ndwenngoenz gyaep gvaq vunz.

原文

归园田居

种豆南山下，
草盛豆苗稀。
晨兴理荒秽，
带月荷锄归。
道狭草木长，
夕露沾我衣。
衣沾不足惜，
但使愿无违。

语体译文

归园田居

播种豆子在南山脚下，
杂草繁多豆苗却很稀。
早晨起床就出去拔草，
月亮出来才回家休息。
山路狭窄草木又茂密，
晚上露水打湿了我衣。
衣服打湿了并不可惜，
但愿不违背我的志趣。

壮语译文

Dauq Youq Lajmbanj

Ndaem duh laj Byanamz,
Reuz mbang rum dauq lai.
Ngoenz gvak rum ciemz ngaih,
Ndwen ok naih dauq ranz.
Lohgaeb rumhaz sang,
Ndangmaeq vih raizhaemh.
Buh dumz sim hix laemx,
Danh ndaej maengx hoz gou.

王维诗六首

Vangz Veiz Sei Roeksouj

原文

杂　诗

君从故乡来，
应知故乡事。
来日绮窗前，
寒梅着花未？

语体译文

杂　诗

你远道从故乡而来，
故乡情况总该知道。
你来那天我家窗前，
梅花是否已吐放含苞？

壮语译文

Cab Sei

Beix daj diegcoj daeuj,
Ranzmbanj baenzlawz yiengh.
Ngoenzdaeuj naj conghcueng,
Vamoiz cuengq mbouj caengz ?

原文

相　思

红豆生南国，
春来发几枝。
愿君多采撷，
此物最相思。

语体译文

相　思

红豆生长在南疆，
春回大地枝叶繁。
诚望诸君多采集，
此物相思意深长。

壮语译文

Doxsiengj

Lwglimz seng baihnamz,
Cin daengz sanj geij ngeiq.
Muengh mwngz lai gip di,
Gijneix ceiq doxsiengj.

原文

送　别

山中相送罢，
日暮掩柴扉。
春草明年绿，
王孙归不归？

语体译文

送　别

山中送别了朋友独自回程，
黄昏时随手关上木条扉门。
等到明年花开草绿的时候，
朋友能否再回到此地山村？

壮语译文

Biek

Ndawbya doxbiek dauq,
Haemh ngauq hoemq doufaz.
Bimoq rumcin maj,
Mwngz dauqma rox ndwi?

原文	语体译文	壮语译文
鸟鸣涧	**鸟鸣涧**	**Roeg Heuh Ndaw Rij**
人闲桂花落，	桂花飘落主人心神安闲，	Haemh hoengq dingq va loenq,
夜静春山空。	寂静笼罩着春夜的峰峦。	Ndaw bya caem baenzmaz.
月出惊山鸟，	月亮出来竟惊动了山鸟，	Ndwen ok linj roegbya,
时鸣春涧中。	它们叽喳地啼叫在山涧。	Cica heuh henz rij.

原文	语体译文	壮语译文
九月九日忆山东兄弟	九月九日忆山东兄弟	Ngoenz Goujnyied Co'gouj Ngeix Beixnuengx Sanhdungh
独在异乡为异客， 每逢佳节倍思亲。 遥知兄弟登高处， 遍插茱萸少一人。	我独自在他乡作异乡客， 每逢佳节加倍思念亲人。 远知兄弟正在登高望远， 身插茱萸的少了我一人。	Gag youq diegrog baenz hek biengz, Ciet daengz engq siengj vunz ndaw ranz. Liuh rox beixnuengx bin giz sang, Cazlad cap ndang siuj it vunz.

原文

渭城曲

渭城朝雨浥轻尘，
客舍青青柳色新。
劝君更尽一杯酒，
西出阳关无故人。

语体译文

渭城曲

渭城早晨的细雨润湿轻尘，
客栈里的杨柳是那般清新。
啊！劝你再喝完这杯酒吧，
阳关西去将没有一个熟人。

壮语译文

Veicwngz Giz

Veicwngz fwn haet saj namhfaenx,
Goliux henz diemq maj loegheu.
Gienq mwngz caiq ndoet cenj laeuj ndeu,
Ok gvan nanz raen laux baengzyoux.

杜牧诗三首

Du Muz Sei Samsouj

原文

泊秦淮

烟笼寒水月笼沙，
夜泊秦淮近酒家。
商女不知亡国恨，
隔江犹唱《后庭花》[①]。

语体译文

泊秦淮

雾罩江水月映河沙，
夜船停近秦淮酒家。
歌女不知亡国之恨，
隔江还唱那《后庭花》。

壮语译文

Ruz Dingz Henz Dah Cinzvaiz

Mok gyuem raemxnit ndwen gyuem sa,
Ruz dingz henz dah gyawj laeujdienh.
Lwgsau mbouj rox guek mied cienh,
Gek dah lij ciengq 《Houdingz Vah》.

---

① 《后庭花》——即《玉树后庭花》，是南朝最后一个皇帝陈后主陈叔宝作的乐曲，后来亡国，人们便认为这首乐曲是亡国之音。

原文

江南春

千里莺啼绿映红，
水村山郭酒旗风。
南朝四百八十寺，
多少楼台烟雨中。

语体译文

江南春

千里莺歌绿映红，
村边酒旗迎春风。
南朝寺庙四百八，
掩映蒙蒙春雨中。

壮语译文

Cin Gyanghnanz

Roeg heuh cien leix loeg gyau nding,
Henz mbanj geizlaeuj mbinfaifai.
Nanzcauz ranzmiuh seiq bak lai,
Baizbaiz laeuzdaiz fwnmoenq rwed.

原文

清　明

清明时节雨纷纷，
路上行人欲断魂。
借问酒家何处有，
牧童遥指杏花村。

语体译文

清　明

雨落纷纷到清明，
路人悲愁又伤心。
借问哪里有酒店，
牧童遥指杏花村。

壮语译文

Cingmingz

Cingmingz ciet daengz fwndoemdoem,
Gwnzloh vunz byaij hoenz yaek sanq.
Gyawz miz laeujdienq gou sawq cam,
Ngez cwz yeix gangj Hingvahcwnh.

崔颢诗二首

Cuih Hau Sei Songsouj

原文

长干曲

一

君家何处住？
妾住在横塘。
停船暂相问，
或恐是同乡。

二

家临九江水，
来去九江侧。
同是长干人，
生小不相识。

语体译文

长干曲

一

你家住在哪个村庄？
我的家乡住在横塘。
暂且停船请问一声，
或许咱们就是老乡。

二

我家临近江水之边，
经常来往这带水域。
我们同长大在长干，
可惜从小并不相识。

壮语译文

Cangzganhingz Giz

It

Ranz mwngz youq mbanjlawz ?
Lwgmbwk mbanj Hwngzdangz.
Dingz ruz gou sawq cam,
Lau caemh mbanj dahnuengx.

Ngeih

Ranz gou gyawj henz dah,
Haeuj ok gvaq doengh neix.
Caez dwg vunz bonjdeih,
Uengjfeiq mbouj roxnaj.

杜甫诗五首

Du Buj Sei Hajsouj

原文

绝　句

江碧鸟逾白，
山青花欲燃。
今年看又过，
何日是归年。

语体译文

绝　句

江水碧绿水鸟显得更白，
山色青翠山花像火样红。
今年的春天很快又过了，
哪天才能回到我的家中。

壮语译文

Ciedgawq

Dah cingh roeg engq hau,
Bya heu va lumj feiz.
Youh gvaqbae cin neix,
Ngoenzlawz ndaej dauqranz.

原文	语体译文	壮语译文
江南逢李龟年	**江南逢李龟年**	**Gyanghnanz Bungz Lij Gveihnenz**
岐王宅里寻常见，	曾在岐王家中经常见面，	Ndaw ranz Gizvangz ciengzseiz raen，
崔九堂前几度闻。	崔九堂前欣赏你的歌声。	Najdangz Cuihgiuj dingq eu go.
正是江南好风景，	江南风光景色虽然正好，	Gyanghnanz gingjsaek ndei youh moq，
落花时节又逢君。	可惜花落了又偶然相逢。	Hojsik varoz youh bungz mwngz.

原文

绝　句

迟日江山丽，
春风花草香。
泥融飞燕子，
沙暖睡鸳鸯。

语体译文

绝　句

春和日丽好风光，
风吹送来草花香。
燕子衔泥忙筑巢，
鸳鸯闲卧在沙滩。

壮语译文

Ciedgawq

Ngoenz cin bya dah gyaeu,
Rumzraeuj bakva rang.
Roegenq nyaengq guhranz,
Yenhyangh boemz sadan.

原文

春夜喜雨

好雨知时节，
当春乃发生。
随风潜入夜，
润物细无声。
野径云俱黑，
江船火独明。
晓看红湿处，
花重锦官城。

语体译文

春夜喜雨

好雨懂得服务农田耕耘，
春种需要时便及时降临。
伴随微风夜间悄悄到来，
细心无声地把禾苗滋润。
野外的路和云非常暗黑，
江边船上只有孤灯独明。
明早晨观赏花红湿润处，
锦官城一定是繁花似锦。

壮语译文

Fwn Haemh Seizcin

Fwn ndei rox cietheiq,
Seiz ndaemcin couh daengz.
Haemh laeglemx doh rungh,
Saeqsim rungx gomiuz.
Lohrog mbwn laep liux,
Ruzdaeng gag ciuqrongh.
Haet yawj va hai dumz,
Va lomx singz Ginjgungh.

原文

江　村

清江一曲抱村流，
长夏江村事事幽。
自去自来堂上燕，
相亲相近水中鸥。
老妻画纸为棋局，
稚子敲针作钓钩。
但有故人供禄米，
微躯此外更何求。

语体译文

江　村

一弯江水环抱村庄而流，
夏天的江村娴静且清幽。
自由来去是那堂上燕子，
相亲相近是那水中沙鸥。
老伴在纸面上画出棋盘，
小孩把钢针敲成钓鱼钩。
只要有老朋友接济口粮，
除此之外没有别的要求。

壮语译文

Mbanj Henzdah

Dah saw humx mbanj lae bae naj,
Seizhah ngoenz raez gizgiz cingx.
Gwnzdangz roegenq baedauq mbin,
Doxgyaez doxgingq duzhaijouh.
Maexgeq ra ceij veh geizbuenz,
Lwgnyez roqcim guh setngaeu.
Danh ndaej baengzyoux gung ngaiz laeuj,
Cawz ok ndang neix mbouj maz gouz.

李白诗六首 Lij Bwz Sei Roeksouj

原文	语体译文	壮语译文
秋浦歌	**秋浦歌**	**Ciuhbuj Goh**
白发三千丈，	白发如此的长，	Byoemhau sam cien ciengh,
缘愁是个长。	愁多才是这样。	Vih you yienghneix raez.
不知明镜里，	照着镜子一看，	Mbouj rox ndaw gingq neix,
何处得秋霜？	哪来满头白霜？	Baelawz ndaej naefiengz ?

原文

静夜思

床前明月光，
疑是地上霜。
举头望明月，
低头思故乡。

语体译文

静夜思

床前皎洁的一片月光，
像是地上铺了层秋霜。
仰望宁静的长空皓月，
低头思念那遥远故乡。

壮语译文

Hwnz Cingx Siengj

Ndwen rongh najcongz angj,
Ngeiz mwi samj gwnz doem.
Ngiengxgyaeuj muengh ronghndwen,
Ngaemgyaeuj dwen diegcoj.

原文	语体译文	壮语译文
夜宿山寺	**夜宿山寺**	**Haemh Ninz Miuh Bya**
危楼高百尺，	登上这高耸百尺的山寺，	Laeuz miuh sang cib ciengh,
手可摘星辰。	举手似乎可以摘到天星。	Ndaundeiq fwngz yuengq daengz.
不敢高声语，	谁都不敢大声喧哗说话，	Vah mbouj gamj sing haenq,
恐惊天上人。	唯恐惊动那天上的仙人。	Lau gingdoengh sien mbwn.

原文

送孟浩然之广陵

故人西辞黄鹤楼，
烟花三月下扬州。
孤帆远影碧空尽，
惟见长江天际流。

语体译文

送孟浩然之广陵

黄鹤楼边朋友送别分手，
花开三月你去访扬州。
远去的船影已经消失了，
惟有长江依旧滚滚东流。

壮语译文

Soengq Mung Hauyenz Bae Gvangjlingz

Henz Vangzhozlouz raeuz biekfwngz,
Sam nyied mwngz bae cunz Yangzcouh.
Ruz dog youz gyae ngaeuz hixbyouq,
Cangzgyangh ciuqgaeuq biufwgfwg.

原文

赠汪伦

李白乘舟将欲行，
忽闻岸上踏歌声。
桃花潭水深千尺，
不及汪伦送我情。

语体译文

赠汪伦

李白上船就要远行，
忽听岸上传来歌声。
桃花潭水纵深百丈，
哪比汪伦送我真情。

壮语译文

Soengq Vangh Lunz

Lij Bwz hwnj ruz yaek bae gyae,
Gwnz dah ngon sei sing baez gip.
Raemx Raengzdauzvah laeg cien cik,
Mbouj gib Vangh Lunz nyaenx naek cingz.

原文	语体译文	壮语译文
下江陵	**下江陵**	**Roengz Gyanghlingz**
朝辞白帝彩云间，	早晨从彩云里的白帝出发，	Haet biek Bwzdi ndaw fwj gyaemq,
千里江陵一日还。	千里远的江陵一天就到达。	Cien leix Gyanghlingz ngoenz ndeu daengz.
两岸猿声啼不住，	两岸的猿猴叫声接连不断，	Song haenz gaenglingz swenjsaengsaeng,
轻舟已过万重山。	轻快的小船已穿过万座山。	Ruz haenz gaenq canj fanh goengq bya.

孟浩然诗四首

Mung Hauyenz Sei Seiqsouj

原文

春　晓

春眠不觉晓，
处处闻啼鸟。
夜来风雨声，
花落知多少。

语体译文

春　晓

春夜好睡不知晓，
忽听鸟儿处处闹。
昨夜风雨声不断，
不知花落有多少。

壮语译文

Haet Seizcin

Ninz cin haet lumz ndiu,
Roeg heuh ciuz goenjoj.
Haemh fwn rumzhoho,
Va loenq rox geijlai ?

原文	语体译文	壮语译文

原文

宿建德江

移舟泊烟渚，
日暮客愁新。
野旷天低树，
江清月近人。

语体译文

宿建德江

雾中驾船停小洲，
黄昏客旅尽乡愁。
野旷云天低于树，
江波月影伴孤舟。

壮语译文

Ninz Gendwzgyangh

Mok naek ruz coh haenz,
Banhaemh hek simluenh.
Doengh gvangq faex raemh mbwn,
Dah ingj ndwen buenx vunz.

原文

过故人庄

故人具鸡黍，
邀我至田家。
绿树村边合，
青山郭外斜。
开轩面场圃，
把酒话桑麻。
待到重阳日，
还来就菊花。

语体译文

过故人庄

老朋友准备了好菜饭，
约我到乡下农家走访。
绿树环绕着整个村庄，
青山耸立在郊外四方。
打开窗户面对着场院、菜圃，
主客对酒谈论着农事、家常。
等到农历九月九重阳佳节，
还来欣赏菊花的重彩浓妆。

壮语译文

Cunz Ranz Baengzyoux

Baengzyoux bwh nohlaeuj,
Iu gou daeuj cunz ranz.
Faex mwn humx henz mbanj,
Byaheu mban rogdoengh.
Hai cueng daemznaz gvangq,
Gingz laeuj gangj nazhaeux.
Caj daengz gouj nyied gouj,
Dauq daeuj yawj vagut.

原文

春中喜王九相寻

二月湖水清，
家家春鸟鸣。
林花扫更落，
径草踏还生。
酒伴来相命，
开尊共解酲。
当杯已入手，
歌妓莫停声。

语体译文

春中喜王九相寻

二月的湖水明净如镜，
到处可听到春鸟啼鸣。
庭院的落花扫了又落，
路边的野草踩了又生。
喝酒的朋友前来做伴，
开桌摆杯一起过酒瘾。
当我们正在举杯敬酒，
唱歌的姑娘切莫停声。

壮语译文

Angq Vangz Giuj Seizcin Daeuj Cunz

Ndwenngeih raemxhuz saw,
Dauqcawq roegcin heuh.
Va loenq baet nanz seuq,
Rum loh reuq youh hwnj.
Laeuj buenx daeuj cunz ranz,
Baij vanj gvaq laeuj yinx.
Fwngz gaem cenj doxgingq,
Sau gaej dingz singgo.

贺知章诗二首

Ho Cihcangh Sei Songsouj

原文	语体译文	壮语译文
回乡偶书	回乡偶书	Dauq Ranz Seihbit
少小离家老大回，	年少离家老了才回家乡，	Lij oiq biek ranz laux dauq ma,
乡音无改鬓发衰。	乡音未改两鬓却已挂霜。	Vahcoj mbouj bienq gyaeujhau doh.
儿童相见不相识，	村童见面彼此都不相识，	Lwgnyez raennaj cungj mbouj rox,
笑问“客从何处来”？	笑着问“客人，你来自何方”？	Riu cam “hek moq daj lawz daeuj”?

原文

咏　柳

碧玉妆成一树高，
万条垂下绿丝绦。
不知细叶谁裁出，
二月春风似剪刀。

语体译文

咏　柳

像碧玉装饰成的高高柳树，
垂挂着数不清的绿色丝条。
这细嫩的叶片是谁剪出来的啊，
正是二月春风这把神奇的“剪刀”。

壮语译文

Ngon Liux

Gofaex sang ndeu nyawh cang baenz,
Nye haenx duiqroengz heudumdum.
Byawz caiz ndaej ok nyaenx mwn,
Ngeihnyied rumzcin lumj fag geuz.

王昌龄诗二首

Vangz Canghlingz Sei Songsouj

原文	语体译文	壮语译文
闺　怨	**闺　怨**	**Bawx Ienq**
闺中少妇不知愁， 春日凝妆上翠楼。 忽见陌头杨柳色， 悔教夫婿觅封侯！	房中少妇不知道什么是忧愁， 亮丽打扮走上那绿色的小楼。 忽见田边那春意撩人的杨柳， 后悔不该让丈夫去求取封侯。	Bawx oiq ndaw rug mbouj rox fanz, Ngoenz cin cangndang hwnj laeuz neuh(yawj). Fwtraen gyangdoengh goliux heu, Ienqhoij heuh gvan bae guhdaeuz.

原文

采莲曲

荷叶罗裙一色裁，
芙蓉向脸两边开。
乱入池中看不见，
闻歌始觉有人来。

语体译文

采莲曲

藕叶裙子一色样，
荷花向脸真娇艳。
混入塘中难分解，
闻歌才知人采莲。

壮语译文

Mbaet Va’ngaeux

Mbaw ngaeux diuzvinj saek doengzyiengh,
Va’mbu yiengq naj ndingyienyien.
Doxgyaux ndaw daemz nanz faenbienh,
Singgo ok yienh rox miz vunz.

李绅诗一首

Lij Sinh Sei Itsouj

原文

悯农二首

一

春种一粒粟，
秋收万颗子。
四海无闲田，
农夫犹饿死。

二

锄禾日当午，
汗滴禾下土。
谁知盘中餐，
粒粒皆辛苦。

语体译文

悯农二首

一

春天播下一粒粟，
秋天收获万颗子。
全国虽无农田闲置，
辛勤的农民仍饿死。

二

中午锄草头上骄阳似火，
汗流浃背滴进禾下的土。
谁知道盘中的米饭啊，
粒粒都来得千辛万苦。

壮语译文

Sei Hojlienz Nungzminz Songsouj

It

Cin doek naed haeuxfiengj,
Cou sou fanh ngveih haeux.
Lajmbwn naz gvangq raeuh,
Nungzminz naeuz daiiek.

Ngeih

Gvak rum daengz banringz,
Ndik hanh ringx roengz namh.
Byawz rox ngaiz ndaw vanj,
Naednaed hanh giet baenz.

刘禹锡诗五首

Liuz Yijsiz Sei Hajsouj

原文

乌衣巷

朱雀桥边野草花，
乌衣巷口夕阳斜。
旧时王谢堂前燕，
飞入寻常百姓家。

语体译文

乌衣巷

朱雀桥边的野草正开花，
乌衣巷口夕阳向西落下。
从前那贵族门前的燕子，
如今飞进平常百姓的家。

壮语译文

Hang Vuhyih

Henz Giuzcuhcoz rumnywj nyaengq,
Bakgai vuhyih daengngoenz myox.
Gonq ranz boux miz roegenq doz,
Seizneix mbin coh ranz beksingq.

原文	语体译文	壮语译文
浪淘沙	**浪淘沙**	**Lang Dauz Sah**
莫道谗言如浪深，	莫讲别人的坏话那么凶狠，	Mbouj lau vahbeng yak gvaq langh，
莫言迁客似沙沉。	莫讲被贬的官员沉没无闻。	Gaej gangj gyangqdaemq lumj sacaem.
千淘万漉虽辛苦，	千遍冲洗过滤虽然辛苦，	Cien muz fanh lawh deng hojhaemz,
吹尽狂沙始到金。	吹尽沙粒就会露出真金。	Saguengz dauz seuq cij raen gim.

原文

浪淘沙

日照澄洲江雾开，
淘金女伴满江隈。
美女首饰侯王印，
尽是江中浪底来。

语体译文

浪淘沙

阳光照射云雾开，
淘金女子一排排。
美人金钗皇帝印，
都是江底捞出来。

壮语译文

Lang Dauz Sah

Ndit ciuq gyang dah mok sanq mbin,
Gyoengqmbwk dauz gim rim henzdah.
Saundei soijgim yaenq vuengzgya,
Cungj dwg ndaw dah daej langh daeuj.

原文

戏赠看花诸君子

紫陌红尘拂面来，
无人不道看花回。
玄都观里桃千树，
尽是刘郎去后栽。

语体译文

戏赠看花诸君子

京都大路扬起阵阵尘埃，
赏花的人回来个个开怀。
玄都庙宇里的桃花千树，
都是刘郎被贬以后才栽。

壮语译文

Loengh Hawj Gyoengq Hakyawjva

Diuz loh Cangzanh faenhngaungau,
Vunz Yawj va dauq goenjsaengsaeng.
Ndaw Henzduhgvanh ndoeng dauz haenx,
Cingq dwg Liuz langz bae cij ganq.

原文	语体译文	壮语译文
再游玄都观	**再游玄都观**	**Caiq Youz Yenzduhgvanh**
百亩庭中半是苔，	玄都观大庭院一片荒凉，	Bak moux gyanghongh dongh hwn daiz,
桃花净尽菜花开。	桃树绝了菜花竞相开放。	Godauz dai liux vabyaek langh.
种桃道士归何处？	种桃的道士都哪里去了？	Ndaem dauz bouxdauh bae gyawz cam?
前度刘郎今又来。	以前那刘郎又旧地来玩。	Boux gonq Liuzlangz youh yamq daengz.

聂夷中诗二首

Nez Yizcungh Sei Songsouj

原文

田　家

父耕原上田，
子斸山下荒。
六月禾未秀，
官家已修仓！

语体译文

田　家

父亲耕耘着平地，
儿子在山脚开荒。
六月庄稼尚未成熟，
官府已忙着修粮仓。

壮语译文

Lajmbanj

Boh youq doengh raeq naz,
Lwg haifwz din bya.
Miuz hah caengz langh va,
Guenfuj nda cang caj.

原文

伤田家

二月卖新丝，
五月粜新谷。
医得眼前疮，
剜却心头肉。
我愿君王心，
化作光明烛。
不照绮罗筵，
只照逃亡屋。

语体译文

伤田家

二月贱价卖了新丝，
五月低廉出售新谷。
治愈眼前致命的毒疮，
几乎又挖掉了心头肉。
百姓盼望皇帝的心啊，
变成一支明亮的蜡烛，
别照富人家的酒肉席，
照照农民逃荒的破屋。

壮语译文

Nai Boux Lajmbanj

Ndwenngeih gai seioiq,
Ndwenngux gai haeuxmoq.
Naj yw ndaej baezmbo,
Youh vat noh simdaeuz.
Gou nyienh sim vuengzdaeq,
Bienq ndaej baenz lab'oq.
Gaej ciuq daiz laeujnoh,
Ciuq ranzhoj diegdeuz.

高适诗二首

Gauh Siz Sei Songsouj

原文

别董大

千里黄云白日曛，
北风吹雁雪纷纷。
莫愁前路无知己，
天下谁人不识君。

语体译文

别董大

笼罩太阳是千里密布的黄云，
大雪纷纷送走那南飞的雁群。
别担忧前边路上没有朋友，
普天下谁不知道你的大名。

壮语译文

Biek Dungj Da

Fwjhenj rim mbwn cw daengngoenz，
Rumz ci roegnyanh nae biufoux.
Gaej you lohnaj fouz baengzyoux，
Gwnzbiengz bouxboux cungj rox mwngz.

原文

除夜作

旅馆寒灯独不眠，
客心何事转凄然？
故乡今夜思千里，
霜鬓明朝又一年。

语体译文

除夜作

独身住旅馆饥寒难眠，
游子心凄凉思绪万千。
故乡远在千里相怀念，
白发萌生又过了一年。

壮语译文

Haemhndaep Sij

Diemqhek daeng myox mbouj dwen ninz,
Lwgyouz vihmaz sim siliengz ?
Biek ranz cien leix caen doxsiengj,
Gyaeujhau gvaq Cieng geq itbi.

陈玉兰诗一首

Cinz Yilanz Sei Itsouj

原文

寄　夫

夫戍边关妾在吴，
西风吹妾妾忧夫。
一行书信千行泪，
寒到君边衣到无？

语体译文

寄　夫

夫守边关妾身独在家乡，
寒风阵阵令我远念情郎。
一行书信流下千行泪水，
寄去冬衣是否收到御寒？

壮语译文

Geiq Hawj Bouxgvan

Gvan souj henzguek gou youq ranz,
Rumznit cancan yah niemh gvan.
Coij cih raemxda lae cien hangz,
Daihhanz ndangdaenj sou ndaej lwi ?

白居易诗一首

Bwz Gihyi Sei Itsouj

原文	语体译文	壮语译文
赋得古原草送别	赋得古原草送别	Daezsei Youq Doenghrum Doxbiek
离离原上草，	原野野草绿茵茵，	Rumdoengh heu dumdum,
一岁一枯荣。	每年枯萎又茂盛。	Binaengz mwn youh roz.
野火烧不尽，	野火烧后根犹在，	Feizndoi coemh nanz ndoq,
春风吹又生。	春风习习又复生。	Rumzcin boq youh biu.
远芳侵古道，	茫茫草甸占古道，	Hazmwn ciemq roengaeuq,
晴翠接荒城。	绿草葱茏接荒城。	Singzfwz em heu dumx.
又送王孙去，	今与朋友分手去，	Doxbiek hwnj loh rum,
萋萋满别情。	情深意厚难了情。	Cingzngeih un mbouj liux.

孟郊诗一首

Mung Gyauh Sei Itsouj

原文	语体译文	壮语译文
游子吟	游子吟	Lwgyouz Ngon
慈母手中线，	慈祥的母亲手拿着针线，	Lwg bae youz dieggyae,
游子身上衣。	为远游的儿子缝制衣衫。	Meh gaem mae nyibbuh.
临行密密缝，	临行前仔细扎密密地缝，	Bakcim deih naih guh,
意恐迟迟归。	恐怕儿子外出日久还乡。	Lau lwg nguh nanz ma.
谁言寸草心，	谁说小草骄嫩的心芽啊，	Byawz rox conq sim eiq,
报得三春晖？	能报答春天温暖的阳光。	Bauq ndaej sam cin raeuj ?

李商隐诗一首

Lij Sanghyinj Sei Itsouj

原文

登乐游原

向晚意不适，
驱车登古原。
夕阳无限好，
只是近黄昏。

语体译文

登乐游原

傍晚心情有点不舒畅，
驾着车子到古原游玩。
眼前夕阳虽然美好，
可惜天色已到黄昏。

壮语译文

Hwnj Lozyouzyenz

Lajbyonghngoenz simfouz,
Haici youz Gujyenz.
Ndithaemh hoengzsiensien,
Cij yiemz gyawj laepfuemx.

张九龄诗一首

Cangh Giuj lingz Sei Itsouj

原文

照镜见白发

宿昔青云志，
蹉跎白发年。
谁知明镜里，
形影自相怜。

语体译文

照镜见白发

想当年我雄心壮志冲天，
岁月无情到了白发之年。
谁知道啊！对着镜子一看，
望着自己的身影互相怜惜。

壮语译文

Ciuq Gingq Raen Byoem Hau

Doenghbaez ceiqheiq sang,
Langhdangh byoemgyaeuj hau.
Byawz rox ciuq gingq daeuj,
Yienghsiengq gaeuq hojlienz.

柳宗元诗一首

Liuj Cunghyenz Sei Itsouj

原文

江　雪

千山鸟飞绝，
万径人踪灭。
孤舟蓑笠翁，
独钓寒江雪。

语体译文

江　雪

千山万岭看不见飞鸟的形影，
大路小径也没有行人的足迹。
那披蓑衣戴斗笠的船头老翁，
独自在冰冷江面上冒雪钓鱼。

壮语译文

Nae Dah

Cienbya roeg mbin raeg,
Fanloh gaed rizdin.
Goeng aemq luiq mauhmbinj,
Gak dingjnae cuengqset.

岑参诗一首

Ginz Canh Sei Itsouj

原文

逢入京者

故园东望路漫漫，
双袖龙钟泪不干。
马上相逢无纸笔，
凭诗传语报平安。

语体译文

逢入京者

东望家园如隔重洋，
甩袖抹泪老泪难干。
骑马相逢无纸无笔，
劳传诗话报个平安。

壮语译文

Bungz Boux Haeujging

Muengh ranz baihdoeng loh raezrangh,
Genbuh yaeng'yaeng uet raemx da.
Doxbungz gwnz max ceij mbouj maz,
Yungh sei cienz vah bauq bingzan.

王之涣诗一首

Vangz Cihvan Sei Itsouj

原文

登鹳雀楼

白日依山尽，
黄河入海流。
欲穷千里目，
更上一层楼。

语体译文

登鹳雀楼

太阳傍着山徐徐落去，
黄河朝大海奔腾不息。
要想放眼世界看得更远，
请移步再登上一层楼梯。

壮语译文

Hwnj Goncozlouz

Daengngoenz doek roengz congh,
Vangzhoz yiengq haij lae.
Siengj ngonz cien leix gyae,
Caiq hwnj it caengz laeuz.

贾岛诗二首

Gyaj Dauj Sei Songsouj

原文

寻隐者不遇

松下问童子，
言师采药去。
只在此山中，
云深不知处。

语体译文

寻隐者不遇

松树底下询问年轻的徒弟，
徒弟说师傅已上山采药去。
只知道他就在这一座山中，
云雾缭绕说不清人在那里。

壮语译文

Ra Bouxndoj Mbouj Bungz

Laj coengz（gocoengz）cam lwgsae，
Naeuz saefouh ra yw.
Bya sang mok geuj fwj，
Mbouj rox de ywq（youq）gyawz.

原文

剑　客

十年磨一剑，
霜刃未曾试。
今日把示君，
谁为不平事。

语体译文

剑　客

十年工夫磨一剑，
未曾立刀试锋芒。
今日拿剑给你看，
谁有不平理应帮。

壮语译文

Boux Dwkgiemq

Cib bi baenz faggiemq,
Bak liem caengz ndaej sawq.
Ngoenz neix hawj mwngz yawj,
Byawz miz saeh ien'uengj.

王建诗一首

Vangz Gen Sei Itsouj

原文	语体译文	壮语译文
新嫁娘词	**新嫁娘词**	**Saw Bawx Moq**
三日入厨下，	新娘三天后须下厨房，	Sam haet roengz ranzcawz,
洗手作羹汤。	洗手给公婆煮肉菜汤。	Swiqfwngz cawj byaek noh.
未谙姑食性，	不熟悉长辈口味啥样，	Lau mbouj habbak boh,
先遣小姑尝。	先请小姑子来尝一尝。	Sien heuh daxgo（gux）cimz.

东方虬诗一首

Dungh Fanghgiuz Sei Itsouj

原文

春　雪

春雪满空来，
触处似花开。
不知园中树，
若个是真梅。

语体译文

春　雪

春雪满天落霏霏，
到处好像白花蕾。
园中不知多少树，
难分哪棵是真梅。

壮语译文

Nae Cin

Naecin roengz rim mbwn,
Gizgiz lumj va hai.
Ndaw suen faex geijlai,
Nanz cai doiq gomoiz.

钱诩诗一首

Cenz Hij Sei Itsouj

原文

江　行

万木已清霜，
江边村事忙。
故溪黄稻熟，
一夜梦中香。

语体译文

江　行

许多树木已蒙上白霜，
江边的村庄农事繁忙。
故乡的水稻一片金黄，
夜间睡梦都闻到稻香。

壮语译文

Byaij Henz Dah

Faexndoeng hoij naefiengz，
Mbanjdah muengz cousou.
Haeuxhenj rim doengh raeuz.
Ninzloq nyouq ngaiz rang.

赵嘏诗一首

Cau Guj Sei Itsouj

原文

江楼感旧

独上江楼思悄然，
月光如水水如天。
同来望月人何在？
风景依稀似去年。

语体译文

江楼感旧

独自一人故地重游，
水天一色天地悠悠。
同来赏月的人今何在？
眼前的风景啊仍依旧。

壮语译文

Ndwn Gwnz Laeuzdah Ngeixsaehgaeuq

Gag hwnj laeuzdah sim nanz caem,
Raemx lumj ndwen le ndwen lumj raemx.
Caez daeuj ngonz ndwen vunz bae gyawz?
Funghgingj dohcawq lumj bigonq.

崔道融诗一首

Cuih Dauyungz Sei Itsouj

原文

鸡

买得晨鸡共鸡语，
常时不用等闲鸣。
深山月黑风雨夜，
欲近晓天啼一声。

语体译文

鸡

买只晨鸡对鸡说，
平时不要乱打鸣。
深山月黑风雨夜，
天将亮时啼一声。

壮语译文

Gaeq

Cawx duz gaeqhaet cawj naeuz gaeq,
Bingzseiz mbouj ndaej seizbienh haen.
Ndaw bya ndwen laep geuj rumz haemh,
Yaek daengz ranzrongh haen sing ndeu.

刘方平诗一首

Liuz Fanghbingz Sei Itsouj

原文

春　雪

飞雪带春风，
徘徊乱绕空。
君看似花处，
偏在洛阳中。

语体译文

春　雪

春雪夹带春风，
漫天飞舞飘扬。
好像梨花盛开，
赏景的是洛阳人。

壮语译文

Nae Cin

Nae mbin daiq rumz cin,
Youq gyangmbwn luenh reiz.
Mwngz yawj lumj valeiz,
Bien fei youq Lozyangz.

颜真卿诗一首

Yenz Cinhgingh Sei Itsouj

原文

劝　学

三更灯火五更鸡，
正是男儿读书时。
黑发不知勤学早，
白首方恨读书迟。

语体译文

劝　学

三更过后天快亮，
正是读书好时光。
年青不勤学发奋，
白头后悔独悲伤。

壮语译文

Gienq Hag

Sam geng diemj daeng ranz yaek rongh,
Cingq dwg lwgnuengx doeg saw seiz.
Lijcoz mbouj gaenx hag saw sei,
Gyaeujhau lauheiq gag ienqhoij.

陆龟蒙诗一首

Luz Gveihmungz Sei Itsouj

原文

有　示

相对莫辞贫，
蓬蒿任塞门。
无情是金玉，
不报主人恩。

语体译文

有　示

朋友见面别叫穷，
哪怕野草堵塞门。
世上无情是金玉，
从来不报主人恩。

壮语译文

Gangj Hawj Vunzlai Rox

Raen naj gaej gangj gungz,
Rum dumx dou baenzlawz.
Fouzcingz dwg gimnyawh,
Aen bouxcawj lumz seuq.

虞世南诗二首

Yiz Sinanz Sei Songsouj

原文

咏　风

逐舞飘轻袖，
传歌共绕梁。
动枝生乱影，
吹花送远香。

语体译文

咏　风

衣袖随风翩翩起舞，
歌声随风余音绕梁。
树木随风枝摇影动，
花儿随风香气飘扬。

壮语译文

Ngon Rumz

Riengz foux genbuh mbin，
Cienz go heux loz ranz.
Saenq nga ngaeuz luenh fan，
Boq va rang gvaq doengh.

原文

咏萤火

的历流光小，
飘摇弱翅轻。
恐畏人不识，
独自暗中明。

语体译文

咏萤火

一点小光看上去非常鲜明，
振动着那翅膀轻盈地飞行。
恐怕人们不知道它的存在，
独在黑夜一闪一闪放光明。

壮语译文

Ngon Ronghrib

Yaep rongh lwenq baenz gim,
Fwed mbang mbin lumj doq.
Lau heiq vunz mbouj rox,
Gag oq youq gyanghwnz.

罗隐诗一首

Loz Yinj Sei Itsouj

原文

蜂

不论平地与山尖，
无限风光尽被占。
采得百花成蜜后，
不知辛苦为谁甜？

语体译文

蜂

不论平地和高山它都飞临，
有花的地方就有它的身影。
辛苦采集百花酿成蜜之后，
竟不知甜蜜是为了哪个人？

壮语译文

Rwi

Mboujlwnh deihbingz gwnz byaliem,
Funghgingj gyaeundei cungj ciemq daengz.
Ra va ndong dangz ndei gvaqlaeng,
Sinhoj aen van vih bouxlawz?

徐仲雅诗一首

Ciz Cungyaj Sei Itsouj

原文

咏棕树

叶似新蒲绿，
身如乱锦缠。
任君千度剥，
意气自冲天。

语体译文

咏棕树

叶像蒲葵绿茵茵，
如同乱缎缠腰身。
不管剥皮千百次，
气冲霄汉好精神。

壮语译文

Ngon Gosen

Mbaw lumj gobeizsen,
Duenh luenh heux ndang haenx.
Caih mwngz bok cien caengz,
Cingsaenz cung daemxmbwn.

崔护诗一首

Cuih Hu Sei Itsouj

原文

题都城南庄

去年今日此门中，
人面桃花相映红。
人面不知何处去？
桃花依旧笑春风。

语体译文

题都城南庄

去年的今天来到这一家门中，
姑娘的面容和桃花一样娇红。
今年，姑娘不知到哪里去了？
只剩下桃花依旧笑迎着春风。

壮语译文

Daez Nanzcangh Duhcwngz

Bi'gvaq ngoenzneix daengz ranz sau,
Naj sau vadauz ityiengh nding.
Baezneix naj sau bae gyawz cimh ?
Vadauz ciuqgaeuq daeuj rumzcin.

苏轼诗三首

Suh Si Sei Samsouj

原文

八月十五月亮

暮云收尽溢清寒，
银汉无声转玉盘。
此生此夜不长好，
明月明年何处看？

语体译文

八月十五月亮

入夜了云散秋风阵阵清凉，
天上银河的月亮静静旋转。
今生今夜不能一直都拥有，
明年的月亮又在哪里观看？

壮语译文

Aenndwen Betnyied Cibhaj

Fwjhaemh sanq le boq rumz liengz,
Dahmbwn caemrwg aenndwen cuenq.
Ciuhvunz haemhneix mbouj miz lai,
Bimoq muengh ndwen caiq youq gyawz ?

原文

赠刘景文

荷尽已无擎雨盖，
菊残犹有傲霜枝。
一年好景君须记，
最是橙黄橘绿时。

语体译文

赠刘景文

荷花开尽没有遮雨的绿叶，
菊花谢了还有傲霜的青枝。
一年最好的时光你要记得，
那就是橙黄橘绿的秋天里。

壮语译文

Soengq Liuz Gingjvwnz

Go'ngaeux mbaw roz deng fwn cimq,
Vagut cogle nye dingj nae.
It nienz mbwn'gvengq mwngz aeu geiq,
Makdoengj henj seiz ceiq ndei ngonz.

原文

琴

若言琴上有琴声，
放在匣子何不鸣？
若言声在指头上，
何不于君指上听？

语体译文

琴

如果你说琴上有琴音，
放在盒里为何又无声？
如果你说声音在指头上，
为何你又不在指头上听？

壮语译文

Ginz

Danghnaeuz aen ginz sing laeb laeb,
Vihmaz habdaep sing youh dingz ?
Danghnaeuz gyaeujfwngz de langh sing,
Baenzlawz mbouj dingq gyaeujfwngz de ?

王安石诗三首

Vangz Anhsiz Sei Samsouj

原文

元　日

爆竹声中一岁除，
春风送暖入屠苏。
千门万户曈曈日，
总把新桃换旧符。

语体译文

元　日

爆竹一声除旧岁喜迎新年，
喝屠苏酒真感到春暖人间。
初升太阳照耀着千家万户，
换掉了旧门神贴上新对联。

壮语译文

Ndwencieng Coit

Gvaq Cieng sing bauq goenjoo,
Rumzcin byoq laeuj ndang raeuj doh.
Ranzranz bakdou daengngoenz oq,
Cungj dawz doiqmoq vuenh fouz gaeuq.

原文

郊　行

柔桑采尽绿荫稀，
芦箔蚕成密茧肥。
聊向村家问风俗，
如何勤苦尚凶饥？

语体译文

郊　行

嫩桑采完桑林稀，
蚕帘蚕茧肥又密。
随访农家难意料，
如此勤劳还挨饥？

壮语译文

Youz Gyauhgih

Mbaw oiq mbaet liux gosangh reux,
Gawz reu nonsei bizbudbud.
Mbouj fuengz haeuj mbanj cam fungsug,
Gaenx hong cibcuk lij deng iek.

原文

题西太一宫壁

柳叶鸣蜩绿暗，
荷花落日红酣。
三十六陂[①]春水，
白头想见江南。

语体译文

题西太一宫壁

翠绿的柳叶间蝉在鸣唱，
夕阳里的荷花格外红艳。
三十六陂春水碧波荡漾，
使我白发老人更想江南。

壮语译文

Daezsei Ciengz Daiyizgungh

Duzbid swenj gwnz goliux,
Va'ngaeux ndit ciuq hoengzgyiengz.
Yangzcouh dahsaw raemx liengz,
Gyaeujhau yiedsiengj Gyanghnanz.

---

①三十六陂：地名，今扬州市。鸣蜩：蝉叫。

朱熹诗二首

Cuh Hih Sei Songsouj

原文

春　日

胜日寻芳泗水滨，
无边光景一时新。
等闲识得东风面，
万紫千红总是春。

语体译文

春　日

春日到泗水河边观赏风景，
无边的景色真是大地回春。
不经意认识到春风的本事，
它一吹拂到处是柳绿花红。

壮语译文

Ngoenzcin

Ngoenzcin youzlangh daengz henz dah,
Doenghnaz gingjsaek yaepndeu moq.
Rumzcin seizbienh dieglawz byoq,
Bya heu va oq hoenghfwgfwg.

原文

观书有感

半亩方塘一鉴开，
天光云影共徘徊。
问渠那得清如许，
为有源头活水来。

语体译文

观书有感

半亩方塘像镜子夺目光彩，
蓝天云影在水里悠然徘徊。
问那塘水怎么会这样清澈，
因为有活水不断流淌进来。

壮语译文

Doegsaw Gamjsiengj

Buenq moux daemzfueng lumjaenging q，
Ngaeuzfwj ngaeuzmbwn ingj ndaw raemx.
Cam mieng vihmaz saw yiengh gyaemq，
Goek miz mboq haenx raemx lae daeuj.

叶绍翁诗二首

Yez Sauungh Sei Songsouj

原文

游园不值

应怜屐齿印苍台，
小叩柴扉久不开。
春色满园关不住，
一枝红杏出墙来。

语体译文

游园不值

怕我的木鞋踩青苔留下脚印，
轻轻地敲柴门好久无人来开。
满园春色想关也关不住啊！
看！一枝红杏已经伸出墙来。

壮语译文

Youz Suen Mbouj Bungz Vunz

Lauheiq haiz caij vaih ngawhrin,
Bongx dou geij sing ndi boux guenj.
Cinsaek rim suen nanz daep yuenq,
Nge va makgingq bongh gvaq ciengz.

原文

夜书所见

萧萧梧叶送寒声，
江上秋风动客情。
知有儿童挑促织，
夜深篱落一灯明。

语体译文

夜书所见

梧桐落叶送来阵阵寒意，
江上秋风撩动我的乡情。
知道有儿童在抓蟋蟀，
深夜篱笆边有灯照明。

壮语译文

Sei Sij Haemh Raen

Haeuj nit mbawdongz loenqsasa,
Rumzcou gvaqdah doeng simdaej.
Rox miz lwgnyez cimh daekdaeq,
Byonghhwnz byauh saeq daeng ndeu rongh.

陆游诗二首

Luz Youz Sei Songsouj

原文

示　儿

死去元知万事空，
但悲不见九州同。
王师北定中原日，
家祭无忘告乃翁。

语体译文

示　儿

本来就知道人死后万事皆空，
只是伤心没等到国家成一统。
将士们北上收复中原的良辰，
祭奠时别忘告诉老父亲一声。

壮语译文

Hawj Lwg Yawj

Daile bonjlaiz fanhsaeh byouq,
Siengsim mbouj raen guek daihdoengz.
Bing ciengq sou dingh diegcojcoeng,
Sauqmoh gaej lumz gangj goeng dingq.

原文

雪

一夕山阴道，
真成白玉京。
衰残失壮观，
拥被听窗声。

语体译文

雪

一夜江阴雪满城，
屋顶雪盖白如银。
残年卧床难观景，
裹被听雪敲窗声。

壮语译文

Nae

Gyanghyinh diuzloh haemh,
Lumj nyawh hausaksak.
Siengjyawj ndang ndi ak,
Ninz dingq nae gyak cueng.

翁卷诗一首

Ungh Genj Sei Itsouj

原文

乡村四月

绿遍山原白满川，
子规声里雨如烟。
乡村四月闲人少，
才了桑蚕又插田。

语体译文

乡村四月

山岭翠绿河水潺潺，
杜鹃歌唱细雨如烟。
农村四月都忙于活路，
刚理好蚕桑又要插田。

壮语译文

Ndwenseiq Lajmbanj

Ndoi heu bya loeg raemx rim doengh,
Roeg coi cin swenj fwn moengzloengz.
Ndwenseiq lajmbanj hong mbouj soeng,
Ciengxnon ngamq hoengq ndaemnaz doengh.

戴复古诗一首

Dai Fuzguj Sei Itsouj

原文

山　村

山崦谁家绿树中，
短墙半露石榴红。
萧然门巷无人到，
三两孙随白发翁。

语体译文

山　村

不知谁家住在这深山树丛中，
矮墙外露出一半石榴的鲜红。
寂静的山树少有外人来拜访，
两三个孙孙伴随着白头老翁。

壮语译文

Mbanjbya

Ranz lawz youq ndoeng bya faex heu，
Siglouz byongh ndeu loh ok ciengz.
Gyanghhongh caemngwen mbouj vunz yiengq，
Geij lan gag riengz goeng gyaeujhau.

徐元杰诗一首

Ciz Yenzgez Sei Itsouj

原文

湖　上

花开红树乱莺啼，
草长平湖白鹭飞。
风日晴和人意好，
夕阳箫鼓几船归。

语体译文

湖　上

满树红花鸟儿声脆，
西湖白鹭黄莺翻飞。
风和日丽情态娇好，
傍晚游船击鼓而归。

壮语译文

Gwnz Huz

Vahai roeghenj swenjsoegsoeg,
Bingzhuz roegcaeuq mbinfaengfaeng.
Rumz raeuj mbwn gvengq vunz sim maengx,
Banhhaemh gyongnaeng ruz ciemh dauq.

赵师秀诗一首

Cau Swhsiu Sei Itsouj

原文

约　客

黄梅时节家家雨，
青草池塘处处蛙。
有约不来过夜半，
闲敲棋子落灯花。

语体译文

约　客

梅子熟了家家都听雨声，
池塘水草处处都有蛙鸣。
约好的客人夜半还不到，
手敲棋子震得灯花飘零。

壮语译文

Iu Hek

Makseq cug le gizgiz fwn,
Ndawdaemz goep cin swenj saengsaeng.
Caj daengz byonghhwnz hek mbouj daengz,
Fwngz rog lwggeiz daengva doek.

杜小山诗一首

Du Siujsanh Sei Itsouj

原文

寒　夜

寒夜客来茶当酒，
竹炉汤沸火初红。
寻常一样窗前月，
才有梅花便不同。

语体译文

寒　夜

寒夜以茶代酒招待朋友，
炉灶火苗烧旺热气腾腾。
窗前的月色如同往常明亮，
因有傲寒的梅花格外感人。

壮语译文

Haemhnit

Haemhnit hek daeuj caz dang laeuj,
Cauqloz raemxraeuj feiz oqndongq.
Ndwen ciuq conghcueng lumj seizgonq,
Vamoiz simhom couh mbouj doengz.

郑思肖诗一首

Cwng Swhsiu Sei Itsouj

原文

画　菊

花开不并百花丛，
独立疏篱趣未穷。
宁可枝头抱香死，
何曾吹落北风中。

语体译文

画　菊

菊花不同百花开，
独站篱边笑开怀。
情愿枝头同生死，
枯萎不让北风埋。

壮语译文

Veh Vagut

Va hai mbouj lumj va doengzgyoengq,
Gag soengz henz byauh riufaifai.
Cingznyienh umj rang gyaeujnye dai,
Mbouj hawj rumzbaek haih doek namh.

张俞诗一首

Cangh Yi Sei Itsouj

原文

蚕　妇

昨日入城市，
归来泪满巾。
遍身罗绮者，
不是养蚕人。

语体译文

蚕　妇

昨天去城里转回家门，
悲愤得泪水湿透手巾。
那些身穿绸缎的男女，
一个都不是养蚕的人。

壮语译文

Maex Ciengx Non

Ngoenzlwenz haeuj singz ma,
Raemxda mbaeq rim hangz.
Gyoengq daenj couz doh ndang,
Mbouj dwg ranz ciengx non (sei) .

王禹偁诗一首

Vangz Yijcwngh Sei Itsouj

原文

畲田调

北山种了种南山，
相助力耕岂有偏。
愿得人间皆似我，
也应四海少荒田。

语体译文

畲田调

北山种了种南山，
联耕互助利农忙。
但愿人间都这样，
天下一定少丢荒。

壮语译文

Diuq Nazreih

Byabaek ndaem liux ndaem Byanamz,
Hongreih doxbang sim angqraeuh.
Danh ndaej ndawbiengz cungj lumj raeuz,
Laj mbwn nazhaeux fwz hix siuj.

李纲诗一首

Lij Gangh Sei Itsouj

原文

病　牛

耕犁千亩实千箱，
力尽筋疲谁复伤。
但得众生皆温饱，
不辞羸病卧残阳。

语体译文

病　牛

耕田翻地粮进仓，
一生留下病痛伤。
只要百姓得温饱，
瘦弱多病心也甘。

壮语译文

Cwz Bingh

Cae naz cien moux souhaeuj meg,
Rengz baih nyinz get byawz doengz cingz.
Cij aeu beksingq ndaej gwn imq,
Byom nyieg nyienh ninz ndaw ndit haemh.

刘溥诗一首

Liuz Buz Sei Itsouj

原文

沟水诗

门前一沟水，
日夜向东流。
借问归何处？
沧溟是住头。

语体译文

沟水诗

门前一条小小的水沟，
日夜不停地向东缓流。
借问沟水的归宿何处？
大海才是最终的尽头。

壮语译文

Sei Raemxmieng

Bak dou nga raemx mieng,
Hwnzngoenz yiengq doeng lae.
Sawq cam cuenh gyawz bae ?
Daengz daihhaij cij dingz.

刘克庄诗一首

Liuz Gwzcangh Sei Itsouj

原文

葵

生长古墙阴，
园荒草树深。
可曾沾雨露，
不改向阳心。

语体译文

葵

生在墙边苦伶仃，
荒草杂树遮挡阴。
一生难得沾雨露，
从来不改向阳心。

壮语译文

Va Daengngoenz

Seng youq dieg henz ciengz,
Suenfwz rum faex ciemq.
Raemxraiz mbouj nembien,
It sim yiengq daengngoenz.

范仲淹诗一首

Fan Cungyenj Sei Itsouj

原文

江上渔者

江上往来人，
但爱鲈鱼美。
君看一叶舟，
出没风浪里。

语体译文

江上渔者

江岸上行人来往熙熙攘攘，
只知道鲈鱼可口味美超常。
请君看看小船浮沉颠簸浪尖，
捕鱼的人出入浪里生死攸关。

壮语译文

Gyangdah Bouxdwkbya

Gwnzdah vunz vang'vat,
Cij hat byaloz ndei.
Mwngz yawj ruziq neix,
Boekbik lumj feiqhaeux.

梅尧臣诗一首

Meiz Yauzcwnz Sei Itsouj

原文	语体译文	壮语译文
陶　者	**陶　者**	**Canghvax**
陶尽门前土，	为烧砖制瓦挖尽门前的泥土，	Namh bakdou vat baih,
屋上无片瓦。	却穷得自己屋顶没有一片瓦。	Mbouj miz gaiq vaxranz.
十指不沾泥。	那些两手不沾泥巴的富人家，	Boux fwngz mbouj uq namh,
鳞鳞居大厦。	却住着瓦片像鱼鳞密的大厦。	Youq ranz gvangq dangqmaz.

李清照诗一首

Lij Cinghcau Sei Itsouj

原文

夏日绝句

生当作人杰，
死亦做鬼雄。
至今思项羽，
不肯过江东。

语体译文

夏日绝句

活着应当做人中的豪杰，
死了也该是鬼里的英雄。
人们至今仍怀念项羽，
不愿意回到江东偷生。

壮语译文

Ngoenzhah Ciedgawq

Lixseiz guh bouxnaengz,
Dai hix baenz fangz yoeng(ak).
Daengzneix ngeix Hanggoeng,
Dahdoeng mbouj haengj gvaq.

南宋民歌一首

Fwen Nanzsung Itsouj

原文

月子弯弯照九州

月子弯弯照九州，
几家欢乐几家愁？
几家夫妇同罗帐，
几家飘零在外头？

语体译文

月子弯弯照九州

弯弯的月亮照着大地，
有人欢笑也有人满目凄凉？
有的夫妇同床共枕说佳话，
也有人漂泊在外啼哭号寒？

壮语译文

Ronghndwen Lumj Roi Ciuq Giuj Couh

Ronghndwen lumj roi ciuq giuj couh,
Geij ranz angqyangz geij ranz you ?
Geij ranz gvanyah swiz caemh gyaeuj.
Geij ranz youzlangh youq diegvunz ?

宋元民歌一首

Fwen Sung'yenz Itsouj

原文

赤日炎炎似火烧

赤日炎炎似火烧，
野田禾稻半枯焦。
农夫心内如汤煮，
公子王孙把扇摇。

语体译文

赤日炎炎似火烧

日照像火一样熊熊燃烧，
田间禾苗足有一半枯黄。
农民心里急得像开水淋烫，
官家的子弟却在摇扇纳凉。

壮语译文

Nditndat Fumzfumz Lumj Feiz Coemh

Nditndat fumzfumz lumj feiz coemh,
Doenghnaz gomiuz byongh dai roz.
Ndawsim nungzminz lumj dang sox,
Lwghak nyiengx hoz beiz vadrumz.

元好问诗一首

Yenz Hauvwn Sei Itsouj

原文

同儿辈赋未开海棠

枝间新绿一重重，
小蕾深藏数点红。
爱惜芳心莫轻吐，
且教桃李闹春风。

语体译文

同儿辈赋未开海棠

海棠枝上的新叶多么茂盛，
点点红色的苞蕾深藏蕊中。
它爱惜着花蕊不轻易吐放，
任凭桃李争奇斗艳闹东风。

壮语译文

Caeuq Najlwg Ngon Vahaijdangz Caengz Hai

Gwnz nga mbaw heu nyup youh nyup,
Valup ndoj mbaw didi oq.
Gyaez duj simva mbouj luenh loh,
Camh hawj godauz doq rumz cin.

元末民歌一首

Fwen Geizlaeng Yenz Cauz Itsouj

原文

台、温、处树旗谣[①]

天高皇帝远，
民少相公多。
一日打三遍，
不反待如何？

语体译文

台、温、处树旗谣

皇帝不管人民的死活，
官多民少捐税又多。
天天受气挨打挨骂，
不起来造反还等什么？

壮语译文

Daiz、Vwnh、Cu Fwen Daengj Geiz

Mbwn sang vuengzdaeq gyae,
Hak lai minz nanz gvaq.
Ngoenz deng hoenx deng ndaq,
Mbouj fanj caj gijmaz ?

---

① 台、温、处：台是台州路，（路是当时比县高一级的行政区域）。三路现均在浙江省境内。树旗谣：在路边树立的旗帜上写的歌谣。

史可法诗一首

Sij Gojfaz Sei Itsouj

原文

燕子矶[1]口占

来家不面母，
咫尺犹千里。
矶头洒清泪，
滴滴沉江底。

语体译文

燕子矶口占

回到家乡未面见母亲，
近在咫尺却像远隔千里。
站在南京这燕子矶头，
愧对母亲的清泪洒向江底。

壮语译文

Yen Swjgih Baknam

Daengz mbanj mbouj ciek meh,
Gyawj henz dangq cien leix.
Gihdouz raemxda lae,
Ndikndik caez roengz dah.

---

① 燕子矶——地名，离南京很近，史可法当时经燕子矶去长江以北抗击清军。

于谦诗四首

Yiz Genh Sei Seiqsouj

原文

咏石灰

千锤万击出深山，
烈火焚烧若等闲。
粉身碎骨全不顾，
要留清白在人间。

语体译文

咏石灰

千锤万凿走出深山，
烈火焚烧视若等闲。
粉身碎骨全然不顾，
只留清白常驻人间。

壮语译文

Ngon Hoi

Cien cuiz fanh siuq ok lueg laeg，
Feiz coemh laeblaeb yaep da yiuq.
Ga raek aek loem gyaeuj mbouj nyeux，
Aeu louz hauseuq youq gwnzbiengz.

原文

平阳道中

杨柳阴浓水鸟啼，
豆花初放麦苗齐。
牙逢尽道今年好，
四月平阳米价低。

语体译文

平阳道中

柳树成荫鸟歌唱，
豆花刚开麦苗壮。
见面都说今年好，
四月米价未上扬。

壮语译文

Lohgvaq Bingzyangz

Goliux mwncup roegraemx ciuz,
Vaduh ngamqhai miuz maj heiq.
Raennaj ngeixlwnh bineix ndei,
Bingzyangz ndwen seiq haeux roengz gyaq.

原文

喜　雨

雨洗乾坤净，
恩沾品物新。
俯视寰海内，
无复皱眉人。

语体译文

喜　雨

雨洗天地万物新，
享受雨露大恩情。
高处放眼看世界，
再也没有烦恼人。

壮语译文

Fwn　Ndei

Fwn ndei mbwn namh hwen,
Fanhfaed yiengj aen cingz.
Yawj seiqhaij mbanj singz,
Vunz sim'angq naj riu.

原文

除夕太原寒甚

寄语天涯客，
轻寒底用愁。
春风来不远，
只在屋东头。

语体译文

除夕太原寒甚

告诉远离家乡的人，
天冷一点不必发愁。
春风已经离不远了，
就在这房屋的东头。

壮语译文

Haemhndaep Daiyenz Gig Nit

Cienz vah hek seiqgiz,
Haemhndaep nit gaej you.
Rumzcin gaenq gvaqdaeuj,
Youq gyaeuj ranz baihdoeng.

解缙诗三首

Hai Gin Sei Samsouj

原文

桑

一年两度伐枝柯，
万木丛中苦最多。
为国为民皆是汝，
却教桃李听笙歌。

语体译文

桑

一年两次挨砍树桠，
树木万种受苦最多。
养蚕富民你有功劳，
得到赞颂却是桃李。

壮语译文

Gonengznuengx

It bi song baez deng raemj nga，
Faexbya souhhoj suenq gonengz.
Ciengx non fouqmiz mwngz okrengz，
Mak dauz dauq ceng bae dingq go.

原文

诉　苦

母在家中守父忧，
却教儿子诉原由。
他年谅有相逢日，
好把春风判笔头。

语体译文

诉　苦

我母守寡在家中，
却教小孩把苦申。
将来恐有出头日，
恳请县官多留情。

壮语译文

Lwnh　Haemz

Meh gou guhmaiq sim nanz caem,
Heuh lwg naeuz hoj caengz youh caengz.
Lauheiq miz ngoenz raeuz doxraen,
Cingj mwngz haiaen youq lai fwngz.

原文

赋堂下小松

小小青松未出栏，
枝枝叶叶耐霜寒。
如今正好低头看，
他日参天仰天看。

语体译文

赋堂下小松

尽管小松树很小，
不怕霜雪不怕寒。
如今矮小不像样，
将来也许成栋梁。

壮语译文

Sij Gocoengz Iq Najranz

Gocoengz lij daemq caengz baenz faex,
Nge mbaw ciengzseiz nyaenx naefiengz.
Seiz neix yawj le mbouj baenz yiengh,
Daengz cog lumj liengj sang dingj mbwn.

唐寅（唐伯虎）诗一首

Dangz Yinz Sei Itsouj

原文

画　鸡

头上红冠不用裁，
满身雪白走将来。
平生不敢轻言语，
一叫千门万户开。

语体译文

画　鸡

头上红冠不须着意剪裁，
全身雪白昂首迈步过来。
一生从不随随便便开口，
开口啼叫家家把门打开。

壮语译文

Veh　Gaeq

Gwnzgyaeuj rouj hoengz mbouj yunghcaiz,
Ndanghau lumj faiq byaij gvaqdaeuj.
It seiq mbouj guh bouxbak mbaeu,
Baez haen cien dou hailiblib.

高启诗一首

Gauh Gij Sei Itsouj

原文

寻胡隐君

渡水复渡水，
看花还看花。
春风江上路，
不觉到君家。

语体译文

寻胡隐君

在水中乘着船不断前进，
两岸都是看不尽的鲜花。
春风送我行驶在江面上，
不知不觉就到了您的家。

壮语译文

Ra Bouxndoj Singq Huz

Naengh ruz vaij bae naj,
Yawj va hoengz va'gyaemq.
Seizcin hwnj lohraemx,
Sawqmwh daengz ranz mwngz.

杨士奇诗一首

Yangz Swgiz Sei Itsouj

原文

即 景

飞雪初停酒未消，
溪山深处踏琼瑶。
不嫌寒气侵入骨，
贪看梅花过野桥。

语体译文

即 景

下雪刚停酒气还未曾消，
踏雪走进白茫茫的山槽。
不怕寒风吹得一身发抖，
贪赏梅花坚持走过小桥。

壮语译文

Yawj Gingj Raiz

Nae doek ngamq dingz laeuj caengz fiz,
Byaij gvaq henz rij loh hauhanh.
Mbouj lau rumz liengz ciemq haeuj ndang,
Dam yawj vamoiz yamq gvaq giuz.

张宁诗一首

Cangh Ningz Sei Itsouj

原文

苏堤春晓

杨柳满长堤，
花明路不迷。
画船人未起，
侧枕听莺啼。

语体译文

苏堤春晓

碧绿的杨柳布满苏堤，
漫步在堤上十分快意。
游客睡在彩画的船里，
侧耳倾听黄莺在鸣啼。

壮语译文

Suh Diz Haet Cin

Goliux rim fai raez,
Mbouj maez loh va'gyaemq.
Ruz veh vunz lij caem,
Ngeng rwz dingq roegheuh.

郑燮诗四首

Cwng Se Sei Seiqsouj

原文	语体译文	壮语译文
墨竹图题诗	**墨竹图题诗**	**Sei Daez Veh Cukmaeg**
衙斋卧听萧萧竹，	夜睡衙门听竹声，	Ninz ndaw yaxmonz dingq cuk sing,
疑是民间疾苦声。	疑是百姓诉苦情。	Ngeizdwg beksingq geq hoj cingz.
些小吾曹州县吏，	我们这些小官吏，	Mbouj guenj hakyienh ha hakging,
一枝一叶总关情。	百姓事事要关心。	Nganga nyinghnyingh cungj goq daengz.

原文	语体译文	壮语译文
江　晴	江　晴	Henzdah Mbwn Cingx
雾里山疑失，	云雾里看不见山的踪影，	Laep mok mbouj raen bya,
雷鸣雨未休。	雷声中下着雨一直不停。	Byaj raez fwn hoenx ciengq.
夕阳开一半，	夕阳刚刚露出半个脸蛋，	Ndithaemh naj loh mbiengj,
吐出望江楼。	望江楼从雾中渐渐显形。	Yienh'ok vanggyanghlouz.

原文	语体译文	壮语译文
竹　石	竹　石	Go'ndoek Ndaw Rin
咬定青山不放松，	咬定青山一点不让它松动，	Haeb maenh byaheu mbouj hawj soeng,
立根原在破岩中。	竹根扎在破裂的岩石之中。	Raggoek mbongq roengz ndaw rin rungh.
千磨万击还坚韧，	历经磨难打击仍坚韧不拔。	Cien muz fanh hoenx nga mbaw mwn,
任尔东西南北风。	随便他刮起东西南北的风。	Caih mwngz seiqmienh coi hwnj rumz.

原文

渔　家

卖得鲜鱼二百钱，
米粮炊饭放归船。
拔来湿苇烧难着，
晒在垂杨古岸边。

语体译文

渔　家

打鱼卖得二百文铜钱，
买点粮食划船赶回转。
拾来柴火太湿难燃火，
只好晒在垂杨古岸边。

壮语译文

Ranz　Dwkbya

Dwkbya gai ndaej songbak cienz,
Cawx di haeuxliengz hai ruz dauq.
Gip ndaej fwnzmbaeq feiz nanz caux,
Henzdah dak sauj menhmenh coemh.

蒋士铨诗一首

Ciengj Swcenz Sei Itsouj

原文

岁暮到家

爱子心无尽，
归家喜及辰。
寒衣针线密，
家信墨痕新。
见面怜清瘦，
呼儿问苦辛。
低徊愧人子，
不敢叹风尘。

语体译文

岁暮到家

母亲爱儿子的心没有穷尽，
她对我及时回来非常高兴。
娘细针密缝为我做好棉衣，
寄回的家信笔墨依旧清新。
见面怜惜儿子的面容消瘦。
又问我在他乡的辛苦情形。
儿子未尽孝心里自知惭愧，
不敢讲出在外生活的艰辛。

壮语译文

Gyawj Cieng Dauq Ranz

Meh gyaez lwg fanhfaen,
Gyawj Cieng gaenj dauq ranz.
Nyib buh hawj lwglangz,
Saenq ranz vanz lij moq.
Raen naj gyoh lwg roz,
Hemq coh cam aen hoj.
Mbouj hauq sim gag rox,
Mbouj gamj loh diengei.

马苏臣诗一首

Maj Suhcwnz Sei Itsouj

原文	语体译文	壮语译文
棉　花	**棉　花**	**Faiq**
五月棉花秀，	五月棉花开正稠，	Ndwenngux va faiq hai,
八月棉花干。	八月棉花收上楼，	Bet nyied faiq hwnj laeuz.
花开天下暖，	花开之日天下暖。	Va hai gwnzbiengz raeuj,
花落天下寒。	花落时节冷飕飕。	Va doek mbwn haeuj liengz.

袁枚诗二首

Yenz Meiz Sei Songsouj

原文

偶　步

偶步西廊下，
幽兰一朵开。
是谁先报信，
便有蜜蜂来？

语体译文

偶　步

偶然散步在西边走廊，
见一朵兰花刚刚开放。
是谁立刻去通风报信，
蜜蜂马上飞到它身旁？

壮语译文

Dingjlingz Yamqdin

Gvaq baihsae yiemhranz.
Vacihlanz heu gyaemq,
Bouxlawz sien bauqsaenq.
Duzrwi gaen mbin daeuj ?

原文

苔

白日不到处，
青春恰自来。
苔花如米小，
亦学牡丹开。

语体译文

苔

太阳照不到的地方啊，
春天来到又有绿色生机。
苔藓好像粟米一样微小，
也学牡丹那样花开满地。

壮语译文

Daiz

Dieg mbouj raen daengngoenz,
Cin daengz gag heuyauj.
Vadaiz lumj naed haeux,
Hix caeuq mauxdan hai.

无名氏诗一首

Mboujmiz Mingzcoh Sei Itsouj

原文

被荒女子①

沿门乞食施恩少，
仰面求人受辱多。
欲赋归来归不得，
临流怅望涕滂沱。

语体译文

被荒女子

挨户讨饭难饱餐，
仰脸求人最堪伤。
无家可归真难受，
面对河流泪千行。

壮语译文

Lwgsau Deng Cai

Coeg ranz rumhgwn lok gig ca，
Ngiengqnaj gouz vunz vunz yawj saeq.
Sim siengj dauq ranz dauq mbouj ndaej，
Muengh dah raemx da lae byoegbyoeg.

---

①公元 1831 年，长江水泛滥，自江西以下的沿江州县都遭水灾。一个未满十五岁的小姑娘带领小弟弟逃荒讨饭到一所乡村小学时，于是她借笔题了这首诗，而后挥泪而去。第二天听人说姐弟俩死在一条河中。

赵翼诗一首

Cau Yi Sei Itsouj

原文

论　诗

李杜诗篇万口传，
至今已觉不新鲜。
江山代有才人出，
各领风骚数百年。

语体译文

论　诗

李白杜甫文采传遍人间，
千年至此已觉稍稍淡然。
神州诗才代代涌现，
各领诗风数百千年。

壮语译文

Lwnh　Sei

Lij Du seibien fanh boux geiq,
Seineix roxnyinh mbouj singj sien.
Cungguek vunzcaiz daihdaih cienz,
Boux okmingz yiengz cienfanh bi.

汉语古诗壮译的探索

——兼评蓝汉光对两首古诗的壮译

唐国富

壮文的创制与推行，不是要求讲壮语的学生、群众不再重视对汉语的学习，不再孜孜不倦地学习和吸收以汉族文化为主体的中华民族优秀的传统文化。相反地，壮文的创制与推行，它将能更好地发展壮族地区的文化教育，从而能更好地学习和吸收我国的传统文化，又为学习现代科学文化创造必要的条件。

壮译汉语古诗词，是壮文的创制与推行后出现的事业。壮译汉语古诗词，使讲壮语的读者能够通过自己熟悉的语言，去阅读和欣赏我国优秀的古典诗篇。这是壮族人民吸收我国优秀历史文化的重要途径之一。

把汉语古诗译为壮文诗篇，要着重注意什么问题？笔者认为，要重视诗意、诗韵和少用借词。

一、关于诗意

一些经过千锤百炼铸成，能够流传至今的优秀汉语古典诗篇，都是形象生动、含义深刻的艺术珍品。把这些精品用壮文译出，会不会使原诗褪色、走样？会不会由深刻变肤浅、由生动变呆板，这是译诗首先要遇到的、要面临考验的问题。

每一首诗，有它的形象。用古汉语创作出来的一首首具体诗篇，用壮语译出，同时力求诗的主题、意境、感情、形象保持原貌，首要的是对原诗的理解、对原诗汉语的一字一句地推敲。理解愈深，推敲愈细，则译出后保持原诗诗意的成色愈浓。

我们来看下面的两首古诗和它的壮译文。

春　晓

孟浩然

春眠不觉晓，
处处闻啼鸟。
夜来风雨声，
花落知多少？

译文：

Haet　Seizcin

Mung Hauyenz

Ninz cin haet lumz ndiu，

Roeg heuh ciuz goenjoj.

Haemh rumz fwn hoho,

Va loenq rox geijlai ?

这是一首脍炙人口的诗篇。写的是春天早晨睡醒时的感受：雨后春天的早晨，空气特别清新，鸟儿的叫声多么好听，诗人的心情多么愉快。但是，诗人又有点惋惜：美好的春光在不知不觉中逝去了，可爱的鲜花被风雨打落了。诗歌语浅、意深、感情丰富。

诗的壮译文是否达到这个要求？达到这个高度？

用壮语再三地朗读译诗，再仔细地推敲、静静地思索，觉得译诗同样的是语言明白、流畅，意境、感情、色彩，都译出了。

如果把壮译文按字面意思再还原为汉语，它是：

眠春晨忘醒，

鸟啼传喧嚣。

晚风雨呼呼，

花落知几多？

这似乎与原诗走了样。但是，正因为它是选用壮语更恰当的词语来译诗，不搞一个字一个字地对译，它才能使译诗保持原诗的深意。如将“处处闻啼鸟”译为“Roeg heuh ciuz goenjoj”。“Goenjoj”这个壮语词意，类近汉语的“喧嚣”，但它不是汉语的“喧嚣”。在壮语中，人的热烈的喧哗声，鸟的热烈的鸣叫声，都可以用“goenjoj”这个词来表示，如果仅用处处闻“啼鸟”反而表达不准原诗的意境。

比较短一点的诗似乎好译些，可比较长一点的诗呢？我们来看下面《诗经》中的一首：

关　雎

关关雎鸠，
在河之洲。
窈窕淑女，
君子好逑。

参差荇菜，
左右流之。
窈窕淑女，
寤寐求之。

求之不得，
寤寐思服。
悠哉悠哉，
辗转反侧。
参差荇菜，
左右采之。

窈窕淑女，
琴瑟友之。

参差荇菜，
左右芼之。
窈窕淑女，
钟鼓乐之。

译文：

Gvanhgih

Roegraemx swenjsasa,
Youq gyang dah dieghamq.
Sau ndang reux simgyaeu.
Go siengj aeu baenz doih.

Byaek go sang go daemq,
Fwngz gw gaemh gw aeu.
Sau ndang reux simgyaeu,
Ndaek ndiu siengj aeu mwngz.
Siengj mwngz mbouj ndaej mwngz,
Hwnzngoenz ngeix doxraen.
Haemhhaemh siengjfaenfaen,
Fonjndang daengz ranzrongh.

Byaekraemx hwnj sang daemq,
Song fwngz gaemh genj aeu.
Sau ndang reux simgyaeu,
Danzginz caeuq de gangj.

Byaekraemx miz sang daemq,
Song fwngz gaemh genj aeu.
Sau ndangreux simgyaeu,
Roq gyong daeuq ma ranz.

（蓝汉光壮译文见《广西民族报》1988 年 1 月 9 日）

这首诗选自《诗经 · 国风》的诗是一首爱情诗，叙事兼抒情。或者，抒情更重于叙事。它描绘了一位少女的形象，它叙写了男青年对少女的追求，写他对姑娘热切、真挚的爱。这首民歌经过文人的加工用上了“君子”“窈窕”“淑女”，青年人在爱情上的强烈追求、炽热的心，是在诗的总体上，是在全诗的字里行间表露出来的。

壮文的译诗，能不能准确地把诗情、诗意描绘出来，表达出来？我们把壮译文用汉语还原，试做比较。

关　雎

水鸟儿高声喊叫呱呱，
在中间河地边干燥处。
姑娘身消瘦细高心美丽，
哥想来（与她）成对（配对）。

水荇菜棵高棵低，

（姑娘）手时采时摘。
姑娘身消瘦细高心美丽，
（哥）睡觉想要你。

想你不得你，
日夜思念能相会。
晚晚想纷纷，
翻身到屋亮。

水荇菜长得高高低低，
（姑娘）两手又拣又摘。
姑娘身消瘦细高心美丽，
弹琴来就向着她。

水荇菜长得有高有低，
（姑娘）两手摘着拣着。
姑娘身消瘦细高心美丽，
（娶亲的）锣鼓高兴地迎着她。

壮语虽然没有“君子”“窈窕”“淑女”这类典雅的词，但是，壮语也有能表达上述词汇含义的词。因此，“窈窕淑女”译成壮文，又再从壮文译为汉语，就成了“姑娘身消瘦细高心美丽”。“君子好逑”就成了“哥想来（与她）成对（配对）”。“求之不得，寤寐思服。悠哉悠哉，辗转反侧”这四句译成壮文，又再从壮文译为汉语，就成了“想你不得你，日夜思念能相会。晚晚想纷纷，翻身到屋亮”这几句。与原诗比较，语言变动较大。但它是壮语意译。整体来看，它并不损害《关雎》一诗的原意。只是，它表达的感情更直率，更粗犷，把主人公的思想感情描绘得更加淋漓尽致。从而，它似乎多了一点原始的味儿。这也许更接近原诗的古老民歌特色。

二、关于诗韵

诗言志。但诗也讲究排行整齐，声韵协调，即从内容到形式都有一种感人的、和谐的美。汉语优秀的古典诗篇讲究诗的形式美与内容美的统一。如果只译出诗意，而译不出诗韵，就会使译诗失去光泽。

用壮语翻译汉语古典诗歌，能不能使诗有优美的音韵，内在的格律美，使诗不失去应有的光泽？回答是肯定的。

自然，把汉语诗译为壮语诗，也正像用汉语译另一种语言诗歌一样，不可能保持原诗使用的某个韵，也不可能使每首诗都保持原诗行数，原诗字数。由于汉语与壮语，汉语诗与壮语诗，在语言上，在诗的传统上比较相近，因此，译出的诗行，在排列的整齐，声韵的协调等方面，也应当与原诗比较相近。

《春晓》，五言四行，每行五字，共二十字。这类诗，在分类上是五言绝句。地道的壮语诗歌没有五言绝句，但壮语民歌有五言四行的短歌式。用这种五言四行短歌式的体裁来译汉语古典诗歌中的五言绝句，正是相宜。《春晓》的壮译文，正是用此形式。

在用韵上，壮语民歌用韵频率最高的是腰脚韵（实际上是脚腰韵，而习惯的说法是腰脚韵）；也有用脚韵；也有腰脚韵之间以脚韵来连接。壮语诗歌强调用韵，在用法上既有规律可循，又富于变化。我们看《春晓》壮译文的用韵：

Ninz cin haet lumz ndiu，
Roeg heuh cinz goenjoj，
Haemh rumzfwn hoho，
Va loenq rox geijlai？

这里要注释一下，上例诗行押韵的几个词，heuh 的韵母是 eu，结尾字母 h 是壮文第六调调号。oj 的结尾字母 j 是第三调调号，rox 的韵母是 o，结尾字母 x 是第四调调号，故译诗的第一、二行腰脚韵用的韵母是 u，第二、三行脚韵用的韵母是 o，第三、四行腰脚韵用的韵母是 o。如果再接下去，应当用的韵母就是 i 了。但此诗只写了四行。汉语诗没有腰脚韵，如以译音的方式读壮译文《春晓》，从汉语角度看，那就没有一点味道。按现在的译法，用壮语诵读，就有了壮诗的味道，有节奏美、声韵美。

再看《关雎》一诗。这首诗四言一句，四句一节，共五节二十行。各节之间，在人物内心的刻画上是层层递进，在人物外形动作的描绘上是反复巡回。在押韵方面，第一节的起行、二行、四行用韵，分别用的字是：鸠、洲、逑。第二节二、四行押韵字：之。第三节一、二、四行押韵字是：得、服、侧。第四节和第五节都是：二、四行押韵，均是用“之”字。归纳起来是：讲究押韵，但用韵不是那么严格。有的上下节有变化，有的没有变化，押韵用的字的推敲上也不那么讲究用字的变化。

在译诗上，也是具备这个特色的。壮诗有各式的勒脚歌。“勒脚”译成汉语，意即反复回唱。从这个特色上看，壮族民歌的勒脚歌式与汉族最早的民歌，是有共同之处的。勒脚歌有五言、七言、五三五言、七三七言。行数有八行勒脚歌式，十二行勒脚歌式，十八行勒脚歌式、三十六行勒脚歌式等。用反复回唱的勒脚歌式译《关雎》一诗，在形式上刚好相符。在字数上将四言扩展为五言，恰好为译者能在较大一点的范围内推敲用字。在押韵上，译诗用腰脚韵和脚韵。但节与节之间，有的上下节押韵，有的上下节换韵。押韵自然是用同一个韵母，但极个别字用比较接近的韵母（这与壮语的韵母多，其中有的声音很相近有关系）。

我们具体看《关雎》壮译文用韵：第一节是 a、a、m、eu、eu。第二节是 aem、aem、eu、eu、eu。第二节第四行的尾字是 mwngz，第三节第一行的尾字也是 mwngz，用 wng 韵母来连接这两节的韵。第三节第二、三行的腰脚韵是 aen，三、四行的腰脚韵也是 aen。第四节第一行尾字的韵母是 aem，第二行与之相配的腰韵是 aen。第二、三、四行的腰脚韵分别是 eu、eu、aeu aeu。第五节腰脚韵分别是 aem、aem、eu、eu、aeu、aeu。

综合起来看，《关雎》的壮译文的用韵也是比得起原诗的。由于壮语诗既押腰脚韵（上下行之间），又押脚韵（一般是上下节之间，一节中的三、四行之间），因此，每一节的押韵点，要比汉语诗多，而这正是壮诗的特点。《关雎》的壮译文，也体现了这个特点。有这个特点，也能咏唱出壮诗声韵的美。

三、关于借词

现代壮语有不少单词是汉语借词。并且，总的趋势是借词的数量不断增加，这也是现实生活中一种约定俗成的语言现象。在古代，壮语中也有一些单词是从汉语借入。借词的原因，自然是汉语词语中出现新词快。有些新产生的单词，汉语有，壮语没有，于是从汉语词汇借入。

这个常见的现象在汉语古典诗歌的壮译中应该怎样对待？

比较恰当的做法恐怕是尽量少用借词。非如此，则“壮译诗”这个名称概念会完全走了样。在诗歌的翻译中，能不能做到这点？我们仔细分析，认为是可以做到的。现代壮语中的汉语借词，多是当代政治、科学技术等方面的一些新词。古老的壮语中的老借词，也是当时汉语中随着汉字的创立、文化教育的发展而产生的新词。但人们的日常生活用语、叙述人的行为、描绘人的形貌、抒发人的感情等用以表达感情、塑造形象这些方面的词语，壮语是具备的，词汇是丰富多彩的。用道地的壮语的音韵，壮语的词汇译出的诗，才是易被读者接受，受读者欢迎的译诗。

《春晓》《关雎》的壮译文，这方面也是做得好的。

《春晓》一诗，除去题目，全诗五言四行共二十个字，壮译文只有Cin（春）是早期的汉语借词。借词占译诗词汇的百分之五。va（花）可能是同源词。

《关雎》一诗，壮译文标题Gvanh gih是原诗标题的音译。这样的诗题，用音译比较恰当。除去标题，全诗二十行，每行四字，共八十个字。译诗改为每行五字。从单字看，数量没有那么多，如“之”字，原诗就重复用了八次。当然，“之”字此一处与彼一处的用法不尽一致。从词义角度讲，可以把它当成多个词来实际应用。总算起来，此诗较长，用词较多。有的词，像前面提到的“君子”“窈窕”“淑女”，这里提到的“之”字，壮语都没有这些单词。仔细推测起来，恐怕原来汉民族的先民们通行的日常口语中，也没有这些词。它是汉字出现、汉民族文化发展到一定阶段后出现的新词。壮语中虽然没有这些新词，但可以用别的词语来表达汉语词汇中像“之”“窈窕”“君子”“淑女”“逑”这些词的含义。在译诗中，译者正是用别的适当的词语来表达了上面说的那些汉语单词的含义。这样的译法，可避免译诗成为搬诗。这样的译诗，也有助于丰富和发展壮语词汇。

（完）

［原载《广西大学学报》］1989年第一期

古诗壮译纵横谈

蓝汉光

壮文是采用国际上使用范围最广的拉丁文字母组成的一种拼音文字。古诗壮译就是用壮文翻译汉语古诗，使懂得壮文的读者能够通过自己熟悉的文字，去阅读和欣赏我国优秀的古典诗篇。诚然，壮文与壮话口语是一致的，拼读得其音，听音知其意，古诗一经壮译，不需注解壮族读者即可通达古诗所表达的思想意境，对于丰富自己的文学历史知识，提高自己的民族自豪感，陶冶自己的情操，培养自己的思维能力和写作手法方面，都是有益的。鉴于古诗壮译是前无古人的事业，作为民族语文工作者，能够在这方面为壮族同胞做些有益的工作，深感责无旁贷，亦是无上光荣。

民族事业心来自民族自豪感，民族自豪感永远是我们民族语文工作者的前进动力。古诗壮译既然是民族语文研究的重要一部分，在学校进行壮汉双语教学的情况下，这项工作必须列到我们的议事日程。下面就如何进行古诗壮译工作，试谈谈我的心得体会。

一、古诗壮译是壮民族阅读和欣赏我国优秀的古典诗歌的重要途径之一。大家知道，我国古典诗歌，在用词遣句和艺术风格方面都达到了极高水平。有些古典诗歌，还常常引经据典，那就更难理解了。比如说，唐朝自称“四明狂客”的贺知章写的那首《回乡偶书》：

少小离家老大回，
乡音无改鬓毛衰，
儿童相见不相识，
笑问“客从何处来”？

《回乡偶书》在民间传诵很广，直至今日，一些“解甲归农”和“衣锦还乡”的官员老战士，对这首诗仍是津津乐道。可是，中小学汉语教师在讲解这首清新通俗的诗时，注释却一大片，如：偶书、乡音、无改、鬓毛、衰等，从汉语文教学角度来讲，这些词语加以注释也是必要的。但用壮文来翻译此诗就不须注释了。请读《回乡偶书》的壮译文：

Lijoiq biek ranz laux dauqma,
Vahcoj mbouj bienq gyaeuj hau doh.
Lwgnyez raen naj cungj mbouj rox,
Riu cam “hek moq daj lawz daeuj？”

下面我们再来读一读盛唐著名山水田园诗派诗人孟浩然所写的《春晓》：“春眠不觉晓，处处闻啼鸟。夜来风雨声，花落知多少？”译诗如下：

Haet Seizcin
Mung Hauyenz

Ninz cin haet lumz ndiu,
Roeg heuh ciuz goenjoj.
Haemh rumzfwn hoho,
Valoenq rox geijlai？

《春晓》一经用壮文翻译过来，汉语的注释全溶化在译诗中，读者一读就心领神会，且诗风不改，意境犹存。因此，可以这样说，我们能够通过古诗壮译去阅读和欣赏优秀的古典诗歌，这是壮文能驭古通今的一大功劳。

二、古诗壮译必须遵循“以歌译歌”的原则。那就是说，原文是诗，译文也应该是诗。在我们这个中华民族的大家庭里，民族文化有它的独特性，也有它的统一性。就拿汉语诗和壮语诗来说，汉语诗主要有五言绝句和七言绝句；壮语诗也有五言四句和七言四句的短歌体裁；汉语诗有排律，壮语诗有排歌。这种文学形式的巧妙吻合，不仅给古诗壮译“以歌译歌”在形式上提供了有章可循，而且还可以使古诗壮译的译文保留了古诗的原有风貌，行句协调，排列工整，两者相互生辉。笔者之所以主张用壮语诗体来翻译汉语古诗，正是因为这一喜闻乐见的形式，沿用了壮族民歌特有的脚腰韵律，使译诗自然产生节奏美，声韵美，读者一念就懂，容易记，唱得出。上述《回乡偶书》和《春晓》的译诗就是例证。

三、古诗壮译的苦与甜。说起古诗壮译，对笔者来说，确实是逼上梁山。1984 年 8 月笔者有幸参加广西壮文工作会议，分组讨论时有人说：“壮文过不了‘高峰坳’，壮文能翻译古诗、诗经吗？”此话入耳，令我七窍生火，八孔冒烟。可我当时只学过四个月的壮文，岂敢驳斥异议，只好默默下决心日后用事实来回敬那些冷言讽语。时过三年多时间，我翻译的《诗经》第一首“关雎”译文终于发表了，而《春眠》等二十多首五言绝句古典诗歌译文是在 1985 年 12 月以后陆续见报的。古诗壮译，几费功夫，动笔用脑，乐在其中。有个周末晚上翻译孟浩然的《宿建德江》：“移舟泊烟渚，日暮客愁新。野旷天低树，江清月近人。”这首二十个字的五言绝句，看来很短，但诗句深奥，不好理解，于是，我就先把原诗改写成白话体：

雾中驾船停小洲，
黄昏旅客尽乡愁。
野旷云天低于树，
碧江月影伴孤舟。

几经周折，六次易稿，好不容易才把这首古诗译成五言四句的壮语诗：

Mok naek ruz coh haenz;
Banhaemh hek simluenh.
Doengh gvangq faex raemh dien;
Dah ingj ndwen buenx vunz.

确实，这首诗就这样经过多层次的分解，然后又用合成的办法翻译出来的。这样做虽然显得有些笨拙，但有一点好处，经过这样反复加工对照，容易把握住诗的意境和韵味，才能把古诗的原有风韵再现于读者面前。唐朝诗人贾岛曾感慨地说过：“两句三年得，一吟双泪流。”搞文学写作是智力输出，而古诗壮译是前无古人的事，更应该细心推敲，力求译文生动贴切。《宿建德江》译稿发表后，也许是编辑同志的慧眼看出我翻译这首短诗的辛勤劳动，与翻译其他五言绝句相比，获得了“稿费从优”的待遇。古诗壮译工作伴随我度过了许多不眠之夜，我也在古诗壮译的笔耕中品尝到“功夫不负有心人”的欣慰和欢愉。

四、古诗壮译方法的管见。翻译有两种，一是口头翻译，二是文字翻译。文字翻译分为直译、意译、注译、改译和节译。古诗壮译主要是采用直译和意译方法。译诗时，不管采用哪种方法，必须忠实地译出原诗的意境、感情、形象，力求保持原貌，原诗中所没有的，译者不能任意“画蛇添足”，原诗中所包含的，译者不能任意“偷工减料”，这是译诗时必须恪守的基本原则。因此，译诗应以研究为基础，把握住原作的本意和本色，了解作者的思想感情，了解作者当时是在怎样的社会背景下以诗明志。只有真懂其人，才能真懂其诗，才能译得准确无误。欲达到此目的，译者还必须注意到原诗的风格，原诗如果是情辞悲壮的，就不能把它译成清丽缠绵，原诗如果是恬淡孤清的，那就应该把它译成简洁自然。记得在1986年暑假，笔者翻译唐朝诗人崔颢的《长干曲二首》民歌式的小诗，作者采用了船家儿女一问一答的形式，写得平易近人。我读了原诗的作者简介、注释、译意和说明，译者不知不觉地进入了诗人所描写的意境之中，用不到两个小时这两首诗的译稿就出来了。译稿是否得体，请读者过目指正。现将原诗和译文照录如下：

长干曲二首

Cangz Gan Giz Songhot

崔颢

Ceh Hau

一、

IT

君家何处住？

Dieg ranz mwngz youg gyawz ?

妾住在横塘。

Lwg mbwk mbanj Hwngzdangz.

停船暂相问，

Dingz ruz gou sawq cam,

或恐是同乡。

Lau caemh mbanj dahnuengx.

二、

NGEIH

家临九江水，

Ranz gou gyawj henzdah,

来去九江侧。

Haeuj ok gvaq doenghneix.

同是长干人，

Caezdwg vunz bonjdeih,

生小不相识。

Uengjfeiq mbouj roxnaj.

在古诗壮译实践中，深有感触的是，只有进入诗人所创造的意境中，才有可能用另一种文字再创造这一诗境。译诗是这样，译其他文学作品也莫过如此罢了。如此看来，谈译诗方法，绝不是提供什么捷径，搞学术研究，一句话，只有三分天才，七分流汗，实践出真知，奋斗长才干。

五、关于古诗壮译的韵律及其他。近几年来，笔者翻译汉语古诗包括《诗经》的“关雎”“氓”“伐檀”在内约近一百首，都是采用壮族民歌“脚腰腰脚韵”的格调来进行翻译的。有人提出，这种翻译不符合《声律启蒙》里所说的“云对雨，雪对风，晚照对晴空”的平仄韵律，意思是要求用壮语翻译汉语诗歌时平仄音韵应该“对号入座”。为此，我请教了一位五十年代俄文翻译工作者，我说：“马雅可夫斯基诗选里有这么一段：‘无论是歌，无论是诗，都是炸弹和旗帜；歌手的声音，可以唤醒阶级。押韵字是诗、帜、级。请问，在俄文版原诗也是这样押韵吗？”这位俄文翻译工作者做了肯定回答：“不是的。这是译者按汉语语音来定韵的。”可见，把汉语诗译为壮语诗，正如用汉语译另一种民族语言的诗歌一样，不可能保持原诗使用的某个韵。因为两种不同的语言文字，各有其的词汇材料和语法特点，不能牵强附会。所以古诗壮译时要求按照汉语诗的平仄韵律来“对号入座”是不可取的，在实际上也是不可能的。大家知道，用汉语翻译外国优秀诗歌的目的是“洋为中用”，用壮语翻译汉语古典诗歌的目的是什么呢？那就是“古为今用”，把汉语古典诗歌的珍品奉献给我们壮族读者，从而更好地学习和吸收我国的传统文化。

六、古诗壮译的心得体会。众所周知，选入中小学汉语文课本的古典诗歌，都是一些名家的传世之作，艺术风格和写作技巧方面都达到了极高水平，确实很难再用壮文把它百分百地表达出来。经过几年来的摸索和尝试，笔者的体会是：古诗壮译难度不少，但并非是深不可测，高不可攀。感到欣慰的是，路终究在荆棘中踏出来了，我们正处于深化改革的年代，这种大胆探索和尝试，毕竟是开拓前进的起点。

·跋·

悲喜交加话酸甜

这本书里，有一出悲喜交加的故事。书开头的序，说了一半；这里的跋，我要把这故事说完。

喜悦中，有一缕淡淡的哀愁，为了增强民族团结，发展民族文化，酸酸甜甜几十年，这中间有苦也有甜。

且说，本书作者，蓝汉光老师，当年为了我的一句话，用30年的业余时间，三易其稿，费尽心血，写完了《古诗汉壮对译》。以80岁高龄从桂林打电话给我，要求我写《序》和联系出版。

这事是我惹出来的，写《序》当然不成问题。但我已退休多年，这出版的事，因人事变迁，世态炎凉，我就无能为力了。但我又可怜他千辛万苦，磨了30年，花费那么多心血，怎能让它付之东流呢？因此，我打起精神，试试看人走茶凉否？

终于，有一天，我推开了社长的办公室大门，不料，我受到了高规格的接待——请坐，请喝茶，上好茶……我和社长一见如故，畅所欲言。当我将出版《古诗汉壮对译》之事谈完后，社长深受感动，说，唉！人生有多少个30年，为发展民族文化如此呕心沥血，真的不容易。我们俩情同一致，一股激情涌上心头。社长说，这个选题很好，我们现在正全力抓壮文图书选题，正是一场及时雨。这时，我心头上压的一块石头，终于落了下来。因为领导每天忙得像走马灯一样，我不敢在这里久留。于是，我就奉上书稿说，你看，这书稿怎样处理？社长幽默而愉快地说，那就给壮文室的壮文专家王绍安做责任编辑吧。接着就打电话叫他，不一会，小王笑哈哈地上来了。社长将一袋书稿交给他，交代说，你来编这本书吧，审读后报个选题。我见社长办事这样果断利索，心想：当今的年轻领导，真有魄力。我就顺势一股脑儿问到底，我说，那出版经费怎么办？他胸有成竹地说，这是我们的事了，苏老师，你放心！

只是不到半个小时的时间，这件事，就算办完了。我怀着万分感激之心同社长告辞。回到家里，就迫不及待地给蓝老师报喜。蓝老师激动得很久很久说不出话来，因为他30年的努力没有白费，他“孕育”30年的宝贝就要出生了。他说，苏老师，刚才我太激动，失态了，对不起。你先代表我向社里所有的领导同志表示感谢。然后，我再找点时间，就是撑着拐杖，也要带上几瓶最好的“三花酒”，登门感谢社长。我连忙阻止他说，别，别，我代社长领你的情了，但我们社长不喝酒，您老又行动不便，别来了。有什么事我或责编会告诉你的。这样，他终于答应不来了。但他出书心切，所以三天两头，电话不断。一忽儿问校样出来了没有，一忽儿问封面是谁设计的，一忽儿又问序言写出来了吗？我心里开始有点烦了。我赶快写序，并及时发给《广西民族报》。报社老总非常支持、及时发排见报，以《一坛陈年三花酒》为题，发于2016年5月27日《岜莱》副刊。不久，他在桂林也见到了报样，又一次打电话给我，激动得说不出话来……但他哪里知道，我们这边连选题还没有报批呢，八字还没有一撇。

但是我对社长是有信心的。想当年我同他走南闯北，到北京、上海、武汉、福州、厦门，所到之处他都主动当“马仔”，联系工作、住宿、吃饭，他都全包了，没有一件事令他犯愁。去乘坐公交车，他噌地一下子上车，两手一伸，让出一条路说，苏老师，上！生怕我上不了车。到内蒙古，为了让蒙古朋友批发我们的书，入乡随俗，他用心用行动诚挚地跟他们交朋友，直到蒙古族兄弟认可他是“哥们”，愿意发行我们的图书为止。他这种坚韧的精神，令我佩服得五体投地。有一次，我同他下乡送图书，在泥泞的山路上，忽然有一条水沟把我们的车拦住了，怎么办？

他下车看看后，回来说，你们坐好，——“嘭”的一声，车过去了，我回头一看，那水沟是有两三尺宽。我说，等下回来怎么办？他说，路在脚下，我们过得去，就能回得来……

我对社长为什么要做这样多“铺垫”呢？我的目的是想说，不管怎样烫手的“山芋”，一旦到他的手里，他都能安排得妥妥当当。

法国作家大仲马说，人类的聪明智慧可以用四个字概括：等待和希望！我们听大仲马的吧！等待是希望的港湾，等待是忍耐的海滩。等吧，等待成熟，等待机遇。我们等一个“钱”字。

这么一等，3 月，6 月，9 月，到年底了。“钱”还没有落实，我同社长说，我们不能诚而无真，言而无信啵。然后，社长说，把希望寄托给明年吧，明年是我们社成立 60 周年大庆，我们做计划，也把这本书列上去，还擂胸口说，包在我身上，没有问题。社长这种担当的精神，我又一次感动得直冒泪光。

这么一等，1 月，4 月，7 月，“147”这可是不吉利的数字啊，有一天，我见了社长，我开玩笑地说，听说，说大话，也是要上税的哦……社长无可奈何地摊着双手说，这真是“山雨未到，风已满楼”呵，今年我已 58 岁，按规定，我得退居二线了，再把希望寄托给明年吧。明年是自治区成立 60 周年大庆，等新社长来了，再申请。我理解社长的苦衷，再等待吧！

新的一年开始，新社长来了，这本书的责任编辑王绍安同志，又第三次报选题，做计划，这次报到北京去。俗话说，事不过三，这话应验了：2018 年 9 月 3 日早上 10 时，王绍安同志给我打电话，喜出望外地说，苏老师，《古诗汉壮对译》，这本书的出版经费国家新闻出版广电总局批下来了，本书单项补贴 8 万元！呀，这白花花的真金实银哪！

我和蓝汉光老师，非亲非故，本来这事与我无关，但我一听到这个消息，也激动得热泪盈眶，说不出话来。我们要感谢党和国家对少数民族的关怀照顾，赶快把这个好消息，告诉蓝老师，等了 30 又 3 年的心愿，终于落地开花了……

可是，可是，电话那头小王却传来断断续续的声音——可是，15 天前，蓝老师去世了。他再也等不到这个消息。

亏月当再圆，人别星陨天。我一下子心里感到空落落的，不知什么时候流下两行热泪，内心感到深深的遗憾。好在他已年过八旬，也算高寿了。如果他在天有灵，也会感觉到我们上上下下，还活着的人，也为这事尽了心，出了力。

蓝老师，安息吧！我们已将您生前的梦想，变成了现实，感谢您为壮族的文化事业，留下一笔宝贵的精神财富。我们一定按您生前的愿望，将《古诗汉壮对译》列入壮族地区中小学生的课外读物，并把您生前最喜爱的长诗《孔雀东南飞》译文也编入本书一起出版。是为跋。有道是——

悲歌可以当泣，远望可以当归！

苏长仙

2018 年 9 月 10 日教师节

译者后记

从1985年12月发表孟浩然的《春晓》和李白的《静夜思》两首短诗的壮译文开篇后，直至2016年6月《三月三》杂志社刊登的长篇叙事诗《孔雀东南飞》壮文译稿为止，译者从事古诗壮译工作，前后整整跨越了三十一年的风风雨雨。《古诗汉壮对译》一书现在出版了，非常感谢广西民族出版社的重视与支持，译者才深深感到一种半辈辛劳非白付的欣慰。

“春色无情心不老，秋光有意笔争妍。”当编好这本书的时候，译者已是八十岁的老人了。但始终没有忘记，在多年古诗壮译工作中，曾得到唐国富、尹斌庸、何宗威、韦愿娜和韦拔志等同志的帮助和指导，在此表示衷心的感谢！

毋庸讳言，本书译者在广西壮文学校，仅学习过四个月的壮文，学历浅，水平低，而用壮文翻译古诗又是前所未有的行业，译得不妥之处在所难免，敬请专家、学者以及广大读者，不吝批评、指正！

蓝汉光

2016年8月15日

于桂林理工大学离退处